Reihe Rechtswissenschaft
Band 197

Die Provokation bei Notwehr

Ho-Won Hwang

Centaurus Verlag & Media UG 2003

Der Autor, geb. 1960 in Seoul (Süd-Korea), studierte Rechtswissenschaft an der Universität Sung-Kyun-Kwan in Seoul und Deutsches Recht für im Ausland graduierte Juristen an der Universität Mainz. Er promovierte 2002 mit dieser Arbeit an der Universität Mainz.

Die Deutsche Bibliothek – CIP-Einheitsaufnahme

Bibliographische Information der Deutschen Bibliothek:
Die deutsche Bibliothek verzeichnet diese Publikation in der Deutschen Nationalbibliographie; detaillierte bibliographische Daten sind im Internet über http://dnb.ddb.de abrufbar

ISBN 978-3-8255-0396-3 ISBN 978-3-86226-374-5 (eBook)
DOI 10.1007/978-3-86226-374-5

ISSN 0177-2805

Satz: Vorlage des Autors
Umschlaggestaltung: DTP-Studio, A. Walter, Hinterzarten

Vorwort

Die vorliegende Arbeit wurde im Sommersemester 2002 vom Fachbereich Rechts- und Wirtschaftwissenschaften der Johannes Gutenberg-Universität Mainz als Dissertation angenommen.

Mein Dank gilt vor allem meinem Gott, der mich bis jetzt begleitet hat.

Und besonders herzlich danke ich meinem verehrten Lehrer, Herrn Professor Dr. Justus Krümpelmann, der das Thema angeregt und das Entstehen dieser Arbeit mit viel Verständnis, Ermutigung und Geduld gefördert hat. Seine liebevolle Leitung werde ich mein Leben lang nicht vergessen. Ohne seine aufopfernde Unterstützung und wertvollen Ratschläge wäre diese Arbeit nicht zustande gekommen.

Ebenfalls zu großem Dank bin ich auch meiner Frau Dr. Young-Shin Kim und meinen Eltern verpflichtet.

Mainz, im August 2002 ***Ho-Won Hwang***

Inhaltsverzeichnis

2. Kapitel

3. Kapitel

4. Kapitel

5. Kapitel

Einleitung:

Der Standort der Angriffsprovokation im Notwehrsystem

„An dem auf den ersten Blick peripheren Phänomen der Angriffsprovokation ... werden die begrifflichen Bestandteile einer bislang weithin unbestrittenen Dogmatik brüchig und fragwürdig“. So schrieb vor fast 25 Jahren Hassemer in einem kritischen Beitrag zur Provokation bei Notwehr[1] und stellte fest, dass „innerhalb kurzer Frist“ Rechtsprechung und Strafrechtswissenschaft sich mit der Frage „immer intensiver“ beschäftigt hatten.

Diese Feststellung gilt bis heute; das „Phänomen“ nimmt einen großen Raum bei den neueren Lehrbuchdarstellungen der Notwehr[2] und den Kommentierungen zu § 32 StGB ein[3]. Das Thema ist auch in Aufsätzen[4] und Monographien behandelt worden[5]. Die Provokation des Notwehrangriffs ist der „Kulminationspunkt“[6] einer Entwicklung, die als „Lehre von den sozialethischen Einschränkungen“ das Notwehrrecht in den letzten Jahrzehnten umgestaltet hat[7].

---

1. Hassemer, in Bockelmann-FS, 1979, S. 229 f.
2. Vgl. Jescheck-Weigend, AT, § 32, III, 3, S. 346; Roxin, AT, § 15, VIII, Rn. 59 ff., S.579 ff.; Baumann-Weber-Mitsch, AT, § 17, Rn. 37, S. 324; Ebert, AT, S. 79 f.; Jakobs, AT, 12/49, S. 403; Köhler, AT, S. 273 ff.; Wessels- Beulke, AT, § 8, Rn. 346 ff., S.101 ff.; Kühl, AT, S. 221 ff.
3. SS/Lenckner-Perron, § 32, Rn. 54 ff.; LK-Spendel, § 32, Rn. 281 ff.; NK-Herzog, § 32, Rn. 113 ff.; SK-Günther, § 32, Rn. 121 ff.; Lackner-Kühl, § 32, Rn. 13 ff.; Tröndle-Fischer, § 32, Rn. 23 ff.
4. U.a. Roxin, Die provozierte Notwehrlage, ZStW 75, 541; Bertel, Notwehr gegen verschuldete Angriffe, ZStW 84, 1; Kühl, Die „Notwehrprovokation“, Jura, 1991, 57.
5. Renzikowski, Notstand, S. 111 ff.; 302 ff.; Engels: Die Angriffsprovokation bei der Nothilfe,1992.
6. Vgl. So mit Recht, Hassemer, in Bockelmann-FS, a.a.O.
7. Diese Entwicklung setzt schon vor der Gesamtreform des Allgemeinen Teils des StGB im Jahre 1975 ein; dazu schon Bockelmann, in Honig- FS 1970, S.19 ff.; zur Geschichte des Notwehrrechts vgl. Arzt, in Schaffstein- FS, S. 77 ff.: Courakis, Zur sozialethischen Begründung der Notwehr, S. 15 ff.

I. Drei Leitgedanken des Notwehrrechts

Eine präzise Legaldefinition, die schon das alte RGSt von 1871 enthielt, hat dem Notwehrrecht das Ansehen besonderer Klarheit und begrifflicher Strenge verschafft, die Auslegungsschwierigkeiten auf ein Minimum reduzieren könnten[8]. Dennoch ergaben sich erhebliche Schwierigkeiten der Auslegung, die in der Zusammenarbeit von Rechtsprechung und Literatur aber auch zu wichtigen Einsichten führten. Drei Themen bestimmen die Behandlung der Notwehrprovokation, die hier kurz skizziert werden sollen. Sie greifen über die Frage der Notwehrprovokation hinaus, sind aber bei ihr besonders interessant. Es handelt sich um die Frage einer doppelten Schutzrichtung, um die Lehre von den sozialethischen Schranken und um den Einfluss der Zurechnungslehre auf die Notwehrprovokation.

1. Die doppelte Schutzrichtung des Notwehrrechts

Der Rechtfertigungsgrund der Notwehr dient nicht nur dem Schutz des individuellen Rechtsguts, sondern auch dem Gedanken der Unverbrüchlichkeit der Rechtsordnung: „Das Recht braucht dem Unrecht nicht zu weichen“[9]. Das Notwehrrecht erzeugt Generalprävention: Der Verteidiger beschützt nicht nur sich selbst (oder bei der Nothilfe individuelle andere Personen), sondern er steht symbolisch für die Unverbrüchlichkeit der Rechtsordnung, die ihm daher mit ihrer ganzen Macht an die Seite tritt. Zwar hat auch der Verteidiger seine Abwehr so durchzuführen, dass der Angreifer möglichst wenig verletzt wird, doch werden ihm die Flucht oder die Inanspruchnahme fremder Hilfe nicht zugemutet; Risiken bei der Auswahl des Abwehrmittels braucht er nicht einzugehen; er darf so zuschlagen, dass der Angriff sofort (spontan) und endgültig (effektiv) zurückgeschlagen wird. Zu dieser Trias der Risikofreiheit, Spontaneität und Effektivität des zugelassenen Abwehrmittels tritt als wichtigster kennzeichnender Unterschied zu anderen Notrechten (wie insbesondere dem Notstand des § 34 StGB) der Verzicht auf eine Güterabwägung. Umstritten ist die Frage, ob das Notwehrrecht eine Güterabwägung grundsätzlich ausschließt, oder ob ein Überwiegen des beschützten Gutes (Erhaltungsgut) gegenüber dem durch den tatbestandsmäßigen Eingriff beschädigten

---

8. Lenckner GA 1961, 300 f.; in diesem Sinne besonderes Maurach, AT, 4. Aufl., S. 307.
9. Zur Vorgeschichte und Mehrdeutigkeit dieses Satzes vgl. Renzikowski, Notstand, S. 70 ff., 80 ff., der ihn auf Berner, Archiv des Kriminalrechts, Neue Folge 1848, S. 557 ff., zurückführt.

Gut (Eingriffsgut)[10] auch bei dessen äußerlich betrachtet größerem Wert dadurch hergestellt wird, dass die durch die Verteidigung repräsentierte Rechtsordnung ausschlaggebend mit in die Waage fällt[11].

Dieses generalpräventive Prinzip „Das Recht braucht dem Unrecht nicht zu weichen“, das von Reinhard Frank noch 1931 als „weltfremde Auffassung“ bezeichnet wurde[12], hat großen Einfluss erlangt und sich gegen gesetzliche Einschränkungen bei den Reformdebatten, in den Entwürfen und schließlich auch in der Neufassung des Allgemeinen Teils im Jahre 1975 zu behaupten gewusst. Generalprävention und Individualschutz gelten daher als die beiden Grundprinzipien des Notwehrrechts[13]. Eine Minderheitsmeinung behauptet sogar, die Verteidigung der Rechtsordnung sei das dominierende Prinzip der Notwehr (eindimensionale Interpretation)[14], die den Einzelgüterschutz nur als Reflexwirkung erreiche.

2. Die sozialethischen Einschränkungen des Notwehrrechts

Die Dimension der Generalprävention, die Wahrnehmung des bedrohten Rechts als Symbol des Schutzes der Rechtsordnung überhaupt, bietet aber auch die Möglichkeit, das Notwehrrecht nötigenfalls einzuschränken: Wenn nämlich das Interesse an der Unverbrüchlichkeit des Rechts mit anderen fundamentalen Pflichten oder Rücksichten kollidiert, oder vor allem auch, wenn der Täter in seiner Rolle als Verteidiger der Rechtsordnung fragwürdig wird. Gelingt es zu zeigen, dass die Rechtsordnung durch die Verteidigung des Täters gegen den rechtswidrigen Angriff, wertend betrachtet, nicht unterstützt wird, weil er den Angriff selbst verschuldet hat, ist vom Prinzip der Vorschrift eine Einschränkung geboten[15]. Dies

10. Die Begriffe „Eingriffsgut“ und „Erhaltungsgut“ stammen aus der Notstandsdoktrin, in die sie Küper, Notstand, S. 36 f., eingeführt hat. Sie erweisen sich aber auch bei der Notwehr als praktisch und werden im folgenden vorausgesetzt.

11. Im „Obstdiebe“-Fall (RGSt 55, 83, 85) hebt das Reichsgericht hervor, dass bei Notwehr eine Güterabwägung entfällt, ohne in der Begründung näher zu differenzieren, vgl. unten 5. Kap., III, 1b. Die Ausnahme einer krassen Güterdistanz als Notwehrmißbrauch ist erst eine spätere Entwicklung, vgl. Jescheck-Weigend, AT, § 32, II, 2 b, S. 243.

12. Frank, Kommentar, 18. Aufl., 1931, Anm. I, 2 a, zu § 53 (S.161 f.).

13. Vgl. Jescheck-Weigend, AT, § 32, I, 2, S: 337; Roxin, AT, § 15, I, Rn. 1 ff. S. 555; Kühl, AT, § 7, II, Rn. 6 ff., S. 133 ff.; ders., JuS 1993, 178 ff.; kritisch Renzikowski, Notstand, S. 76 ff.; näher zur Reformentwickelung Bockelmann, vgl. oben, Fn. 7;

14. Besonderes Schmidhäuser, AT, S. 340 ff.; vgl. auch ders., GA 1991, 115 ff.; kritisch Hirsch, in Dreher-FS, S. 218 ff.

15. Das Notwehrrecht wird unter demselben Aspekt eingeschränkt wegen eines Defektes beim Angreifer (z.B. Geisteskrankheit, Irrtum), bei dessen Vorliegen der Geltungsanspruch der

aber ist vor allem dann so, wenn er den rechtswidrigen Angriff selbst verschuldet, wenn er ihn „provoziert" hat. Das generalpräventive Prinzip, das die gesetzlich so starke Stellung des Notwehrtäters begründet, wird daher zugleich auch ein wichtiges Korrektiv, denn der Verlust oder die Minderung der Repräsentantenstellung tilgt oder mindert das Notwehrrecht.

Die Rechtsprechung und h.L. schließen bei einer Provokation die Rechtfertigung allerdings nicht schlechthin aus; es entwickelt sich ein Rechtsfolgesystem eigener Gestalt: Vom Verteidiger wird verlangt, dass er Möglichkeiten der Flucht ausnutzt und sich zurückhaltend verteidigt („Schutzwehr vor Trutzwehr"), auch wenn er dabei ein Risiko eingeht oder sogar leichte Verletzungen erleidet[16]. Erst bei nachhaltigem oder übermächtigem Angriff hat der Verteidiger wieder das volle Notwehrrecht. Diese Lösung lässt sich als „Einschränkungsmodell" bezeichnen; sie gilt auch für die anderen Einschränkungstypen[17].

Die Rechtsprechung hat den Gedanken des Verlusts der generalpräventiven Funktion des Netwehrrechts aber nicht so weit getrieben, dass der Verzicht auf die Güterabwägung rückgängig gemacht würde, in der Weise, dass beim Verlust der Repräsentanz des Verteidigungsverhaltens für das Ansehen der Rechtsordnung automatisch wieder eine Güterabwägung vorzunehmen wäre, weil dann nur noch der Gedanke des Individualschutzes maßgebend sei. Verletzt der Täter die aus dem Einschränkungsmodell folgenden Pflichten der Flucht oder der Risikoübernahme, so ist die Rechtfertigung verwirkt, auch wenn der Täter ein Gut verteidigt, das mehr wert ist als der Schaden, den er anrichtet. Das Güterabwägungsprinzip könnte hier vielleicht sogar ein flexibleres Modell erbringen, doch hat man, wohl mit Rücksicht auf die Grenze des Gesetzeswortlauts, eine solche Interpretation nicht vorgeschlagen.

Überhaupt ist bei den Bemühungen um die Einschränkung des Notwehrrechts sehr umstritten, wie sie mit dem Wortlaut des Notwehrparagraphen zu verbinden sind. Hier begegnen uns Techniken der Auslegung, die geradezu an die bekannten Einschränkungsmethoden bei § 211 StGB erinnern: Wie der BGH versucht, den Mordparagraphen durch Interpretation des Einzelmerkmals (besonders der „Heimtücke") einzuschränken, so hat die ältere Rechtsprechung (RG und früher

---

Rechtsordnung nicht wirklich beeinträchtigt wird, oder wenn die nahe Beziehung zwischen Angreifer und Verteidiger Sonderpflichten der Rücksichtnahme stiftet.

16. Vgl. Lackner-Kühl, § 32, Rn. 14 f.; Roxin, AT, § 15, VIII, Rn. 53 f., S. 575 f.

17. Gegen die Lehre von sozialethischer Einschränkung, Koch, ZStW 104, 818 ff. Bitzilekis, a.a.O., S. 45 ff.; Renzikowski, Notstand, S. 76 ff.; zu terminologisch anderen Einkleidungen der Lehre vgl. Roxin, § 15, VIII, Rn. 56, S. 577; SS/Lenckner-Perron, § 32, Rn. 54.

BGH) versucht, den unerträglichen Provokationsfall durch Restriktion einzelner Elemente der Notwehrdefinition von der Rechtfertigung auszuschließen[18]. Ähnlich kann man die Ausarbeitung des Einschränkungsmodells nach dem Maße der Minderung der Rechtsbewährung vergleichen mit der Einschränkung des Mordtatbestandes nach dem Gedanken der Typenkorrektur, wenn die besondere Verwerflichkeit des Falles in Frage steht[19]. In wertender, an den Prinzipien des Notwehrrechts anknüpfender Interpretation, aber über den Buchstaben des Gesetzes hinweg hat sich das Einschränkungsmodell entwickelt, und zwar in enger Zusammenarbeit von Rechtsprechung und Literatur[20].

3. Die Notwehrprovokation im Licht der allgemeinen Zurechnungslehre

Der problematische Umgang mit dem Gesetzeswortlaut, zu dem das Modell der sozialethischen Einschränkung gezwungen war – denn irgendwelche Einschränkungen der Provokation wegen sind nun einmal dem bloßen Gesetzestext nicht zu entnehmen – blieb nicht ohne Widerspruch, doch waren nur wenige Autoren bereit, die Notwehrprovokation schlechtweg hinzunehmen[21]. Bei manchen Rechtfertigungsgründen, solchen des ungeschriebenen Rechts oder solchen mit weiten, unbestimmten Rechtsbegriffen, lässt sich ohne restringierende oder extensivierende, an Analogien und regulative Rechtsprinzipien orientierte Methodik nicht auskommen, wie vor allem die Geschichte der Notstandsrechtfertigung deutlich macht[22]. Die Klarheit des Notwehrparagraphen scheint solche übergesetzlichen Korrekturen aber zu verbieten[23]. So konnte es als ein Ausweg aus diesem Dilemma erscheinen, wenn man nach einem ganz anderen Weg suchte, der es zuließ, den Notwehrbestimmungen buchstabengetreu Rechnung zu tragen und doch das in der Provokation liegende Unrecht der Veranlassung des Gesamtgeschehens aufzufangen. Die Mittel dazu schien die allgemeine Zurechnungslehre anzubieten. Diese, in den Ursprüngen kausalistisch geprägt, wurde zwar in der hier in Rede stehenden Periode durchaus normativ verstanden – die Lehre von der objektiven Zurechnung wird geradezu gegen einen naturalistischen Kausalismus entwickelt[24], doch ist das Regelwerk der Zurechnungslehre strenger strukturiert.

18. Die „Rechtswidrigkeit" des Angriffs liegt bei manchen Provokationsfällen im Grenzbereich; ebenso ist es bei der „Erforderlichkeit", vgl. unten 2. Kap., II. 2.
19. Vgl. SS/Eser, § 211, Rn. 10.
20. Vgl. Roxin, ZStW 93, 68, 103; ders., AT, § 15, VIII, Rn. 51 ff.
21. LK-Spendel, § 32, Rn. 301; Bockelmann-Volk, AT, S. 92 f.; wohl auch Hassemer, a.a.O., S. 237; vgl. auch Frister, GA 1988, 310.
22. Vgl. Jescheck-Weigend, AT, S. 359 ff.; Roxin, AT, § 16, I, S. 609 ff.; Köhler, AT, S. 286 ff.
23. Vgl. Erb, ZStW 108, 266 ff.
24. Vgl. Ling, Unterbrechung, S. 13 f., 19 f., 28 f.

Insofern wirkt das Erbe des Kausalismus in einer berechenbareren Methodik nach und bietet damit auch für die Bewältigung eines Phänomens, das von der Ursache „Provokation" zu einem, wenngleich notwehrvermittelten, Schaden fortschritt, anscheinend eine brauchbare theoretische Grundlage.

Die Lehre von der a.i.i.c. ist eine erweiternde Ausformung der Zurechnungslehre, denn sie bietet eine Ergänzungsregel für den Fall an, dass der Zurechnungszusammenhang durch den Rechtfertigungsvorgang der Notwehrverteidigung unterbrochen wird, indem sie zeigt, dass diese Unterbrechung eben nur scheinbar ist. Die Lehre von der a.i.i.c. in ihrer konsequentesten Ausformung[25] ist bereit, jeden vom Buchstaben des § 32 StGB gedeckten Fall als Rechtfertigungsfall anzuerkennen. Er wird jedoch gleichzeitig isoliert, indem die Schadenssituation als tatbestandsmäßiger Erfolg, als Resultat einer kausalen und schuldhaften Verhaltensweise erkannt wird, die die Untersuchung des zeitlichen Vorfelds der Notwehr erbracht hat. Steht der – zeitlich isoliert betrachtet, durch gerechtfertigtes Verhalten produzierte – Erfolg mit dem Vorverhalten im Zurechnungszusammenhang, der anders als durch den Rechtfertigungsvorgang nicht unterbrochen wird, so wird er dem Täter nach dem Maße des Aktunwertes der Veranlassung zugerechnet, der als tragender Grund hinzutreten muss, um die strafrechtliche Haftung auszulösen: Bei Wissen und Wollen des Erfolgs wegen vorsätzlicher tatbestandsmäßiger, rechtswidriger Straftat, bei Vorhersehbarkeit wegen fahrlässiger Straftat (unter dem Vorbehalt der Existenz eines Fahrlässigkeitstatbestandes)[26]. Die Rechtfertigung wird als Teilvorgang betrachtet, aber nicht vernachlässigt, denn sie lässt die Vorsätzlichkeit oder Fahrlässigkeit beim Verteidigungsvorgang hinter dem subjektiven Verbindungselement zwischen Provokationsakt und tatbestandsmäßigem Erfolg zurücktreten, das über den Charakter als Vorsatz- oder Fahrlässigkeitstat entscheidet.

Eine aus Prinzipien konkretisierte Wertung, auf die die Einschränkungslösung angewiesen ist, tritt bei der a.i.i.c. in den Hintergrund. In dieser Bevorzugung der strukturellen vor der wertenden Betrachtungsweise zeigt sich eine gewisse parallele Tendenz zu der Lehre, die die Rechtfertigungsgründe und ihr wichtigstes Beispiel, die Notwehr, als negative Tatbestandmerkmale auffasst, um Irrtumsprobleme mittels der Vorsatzlehre zu bezwingen. Was diese Lehre leistet, um das Problem der Putativrechtfertigung mittels der allgemeinen Vorsatzlehre zu bewältigen, das kann, so scheint es, auch die objektive Zurechnungslehre mit der actio illicita in causa für das Problem der Provokation des Notwehrangriffs erreichen. Aller-

25. Vor allem Schmidhäuser, AT, 9/109 f., S. 237 ff.

26. Bei der vor allem betroffenen Tötung und Körperverletzung ist diese Voraussetzung ja auch gegeben.

dings hat sich die Lehre in der Rechtsprechung nicht durchsetzen können und ist in der Literatur eine Minderheitsmeinung geblieben[27].

Die Lehre von der actio illicita in causa beruft sich gegenüber der Lösung der Rechtsprechung mit dem Entweder/Oder der Rechtfertigung oder Nichtrechtfertigung auch darauf, eine flexiblere, dem wechselnden Unrechtsgehalt der Provokation möglicherweise besser entsprechende Rechtsfolgeskala zur Verfügung zu stellen[28]. Auf den unbestimmteren Wertungshintergrund der „sozialethischen Einschränkungen" ist der solchermaßen verselbständigte Provokationsfall nicht mehr angewiesen. Er ist durch die anscheinend handfestere Zurechnungsregel ersetzt. Der Provokationsfall erscheint damit als ein von der allgemeinen Zurechnungslehre beherrschtes Teilgebiet.

II. Die Absichtsprovokation als Missbrauch des Notwehrrechts

Hat der Täter den Angreifer nur deswegen provoziert, um ihn unter dem Deckmantel der Notwehr verletzen oder gar töten zu können, so spricht man von Absichtsprovokation. Sie ist das Teilgebiet, an dem sich die Diskussion um den Einfluss auf die Notwehrrechtfertigung erst entzündet hat. Bis auf vereinzelte Stimmen[29] will man in diesen Fällen die Rechtfertigung verneinen, doch werden Einordnungen und Lösungen vertreten, die stark voneinander abweichen und teils einen strukturellen, teils einen wertenden Lösungsweg bevorzugen: Es wird einmal behauptet, es fehle das subjektive Rechtfertigungselement, der Verteidigungswille; überwiegend wird ins Feld geführt, es handele sich um einen Missbrauch des Notwehrrechts, der nach allgemeinen Grundsätzen zur Verwirkung führe. Auch über den Inhalt und die Grenzen der Absichtsprovokation ist man sich nicht einig; die praktische Bedeutung wird unterschiedlich beurteilt[30]. Es dürfte aber feststehen, dass andere Provokations-formen jedenfalls relativ gesehen die weitaus größere Bedeutung haben; sie werden daher auch im Mittelpunkt dieser Arbeit stehen[31].

27. Nachweise vgl. Lackner-Kühl, § 32, Rn. 13 ff. (15); ob allerdings BGH JZ 2001, 664, der a.i.i.c. nahestehend (Eisele, NStZ 2001, 416 f.), einen neuen Weg geht, ist noch nicht abzusehen; kritisch Roxin, JZ 2001, 667; Engländer, Jura 2001, 534; zustimmend aber Mitsch, JuS 2001, 751.
28. Bertel, ZStW 84, 21 f.
29. Vor allem LK-Spendel, § 32, Rn. 281.; Schmidhäuser, a.a.O., will seine a.i.i.c.-Lösung auch auf den Fall der Absichtsprovokation anwenden.
30. Vgl. die Übersicht bei Roxin, AT, § 15, VIII, Rn. 61 ff.
31. Anders Kiefner, S. 54 f., mit dem Formalschluß, dass mit der Ablehnung der Absichtsprovokation als stärkster Provokationsform das Problem überhaupt gelöst sei.

III. Anhang: Übersicht über den weiteren Weg der Arbeit

Die hier vorgelegte Arbeit wird das Lösungsmodell der h.L. im Ergebnis weitgehend übernehmen. Es scheint aber, dass der Begriff und die Erscheinungsformen der Provokation vielfältiger sind, als dies bisher in der Literatur zum Ausdruck kommt. In einem **ersten Kapitel** wird es daher nach einer Bestandsaufnahme gesetzlicher Anknüpfungspunkte um eine typologische Erfassung gehen. Frühere Arbeiten knüpfen besonders am Provokationsverhalten selbst an[32]. Eine systematische Untersuchung vor allem des zeitlichen, räumlichen und motivationalen Zusammenhanges zwischen Provokationsverhalten, Angriff und Angriffsabwehr wird sich jedoch als ergiebiger erweisen.

Im **zweiten Kapitel** geht es darum abzugrenzen, was bereits die allgemeine Notwehrprüfung, der „Buchstabe" des Notwehrparagraphen, zur Lösung des Problems der Provokation beizutragen vermag. Es wird sich zeigen, dass man in der älteren Rechtsprechung mitunter die Merkmale des Notwehrtatbestandes im Bemühen, die Probleme möglichst am Wortlaut zu orientieren, bedenklich überfrachtet hat. Immerhin muss der Vorrang der Notwehrprüfung und ihre Reichweite aufgezeigt werden, bevor im Sinne der Einschränkungslösung verfahren wird. Es scheint selbstverständlich, dass man die Ausnahmen der sozialethischen Einschränkung wegen Provokation nicht zu prüfen braucht, ja nicht einmal prüfen darf, wenn schon die Notwehrvoraussetzungen nicht einmal dem Buchstaben nach erfüllt sind. Die Entwicklung der Provokationslehre hat diesen logischen Befund aber verundeutlicht, und zwar wegen der schon angesprochenen restriktiven Individualinterpretation einzelner Notwehrmerkmale mit dem Ziel, bei besonders schweren Provokationsfällen die Rechtfertigung zu verweigern. Das zweite Kapitel schließt mit einem Abschnitt, in dem das Modell der h.L. („Einschränkungsmodell") in seiner äußeren Gestalt und seinen Anwendungsmöglichkeiten dargestellt wird; die dogmatische Legitimation wird allerdings vorerst nur skizziert.

Der Versuch, die Provokation durch den Einsatz der allgemeinen Zurechnungslehre, insbesondere durch die Figur der actio illicita in causa zu erfassen, bestimmt das **dritte Kapitel**. Es wird sich bestätigen, dass diese Lehre mit schweren inneren Widersprüchen zu kämpfen hat[33]. Sie gewinnt jedoch einen Lösungsspielraum, der demjenigen der h.L. in anbetracht der vielfältigen Erscheinungsformen der Provokation manchmal überlegen ist. Im Falle der Absichtsprovokation kann die Zurechnungslehre ein brauchbares Lösungsmodell vorbereiten. Eine in der

32. Vor allem Roxin, ZStW 75, 541; vgl. Kühl, Jura 1991, 59 ff., 175 ff.
33. Grundlegend Roxin, ZStW 75, 541 ff.

Literatur vor allem von Lenckner[34] angestrebte Synthese des Einschränkungsmodells und der a.i.i.c. erscheint als interessant und erörterungsbedürftig.

Das **vierte Kapitel** befasst sich mit der subjektiven Tatseite, den Willensbeziehungen zwischen dem Provokationsverhalten und dem Angriff bzw. seiner Abwehr. Die Lehre vom Verteidigungswillen und dem Rechtfertigungsbewusstsein werfen auch bei der Provokation manche Fragen auf.

Im **fünften Kapitel** geht es um die Legitimationsbasis der Einschränkungslösung. In einem *ersten* Abschnitt wird in Frage gestellt, ob der Gedanke des Rechtsmissbrauchs die Einschränkungslösung trägt. Das wird aber nur für die Kernfälle der Absichtsprovokation, der gezielten Tarnung eines kriminellen Verhaltens mit der Notwehrszene vertreten, doch lässt sich zeigen, dass die im dritten und vierten Kapitel entwickelte Lösung, die sich des Absichtszusammenhangs bedient, demgegenüber Vorteile bietet.

Die besonders problematischen Fälle der Provokation sind diejenigen, in denen der Täter zwar im Wirkungsfeld der allgemeinen Notwehrvoraussetzungen handelt, in welchen er gegebene Möglichkeit der Flucht und der zurückhaltenden Verteidigung aber nicht ausgenutzt hat. Nach der h.L. ist dann die Tat nicht gerechtfertigt, weil der Täter die Pflicht versäumt hat, die ihn wegen der Provokation traf. Diese normative Situation soll unter dem Begriff der „Erlaubnislage" näher untersucht werden[35](*2. Abschnitt*). Die Rechtfertigungslage ist aus dem Zusammenhang der Kollisionsstruktur des Rechtfertigungsgrundes „Notwehr" zu begreifen, der – wie alle Notrechte – die Schlichtungsregelung einer Rechtsgüter- und Interessenkollision ist. Im Zusammentreffen der generellen Unrechtstypisierung und der ganz anders geformten Typisierung des Interessenschutzes ist ein größerer Raum für individuelle Wertungen nach allgemeinen Prinzipien anzuerkennen, als dies bei den Merkmalen eines Tatbestandes zulässig ist[36]. Gerade bei der Vielfältigkeit des Provokationsphänomens ist eine solche Flexibilität anzustreben. In einem *letzen Abschnitt* soll versucht werden, die Auswirkung der Provokation auf die Rechtfertigung flexibler zu gestalten, als dies in der gegenwärtigen Praxis geschieht.

Ein abschließendes **6. Kapitel** dient der Zusammenfassung.

---

34. Lenckner, GA 1961, 299 ff.; SS/Lenckner-Perron, § 32, Rn. 283, 291.
35. Diese geschieht in Anlehnung an den Begriff der „Pflichtlage" von Armin Kaufmann, Normentheorie, S. 139 ff. , vgl. auch Krümpelmann, in Triffterer-FS, S. 142.
36. Grundlegend Paeffgen, Verrat, S. 218 ff.

1. Kapitel:
Gesetzliche Anknüpfungspunkte und Erscheinungsformen der Provokation

I. Der Provokationsbegriff im Gesetz

Der Begriff der Provokation der Notwehrlage ist ein Produkt von Literatur und Rechtsprechung und wurde erst spät entwickelt. Im Gesetzestext der Notwehrvorschrift gibt es dafür keinen Anhaltspunkt. Beim Strafzumessungsgrund der Provokation zur Tötung in § 213 StGB wird jedoch die Situation der Provokation beschrieben und normativ in Funktion gesetzt. Im Notstandsrecht des RStGB 1871 liest man in § 54 StGB, dass eine Strafbarkeit der Handlung entfalle, wenn sie in einem „unverschuldeten ... Notstande zur Rettung aus einer gegenwärtigen Gefahr für Leib oder Leben des Täters oder eines Angehörigen begangen worden ist". Man sieht, es handelt sich um einen Fall des entschuldigenden Notstandes, wie er heute in § 35 StGB geregelt ist; dort allerdings erscheint im Wortlaut des Entschuldigungstatbestandes die „Unverschuldetheit" des Notstands zunächst nicht, doch sieht § 35 I 2 StGB eine Rechtsfolgeänderung (zwingende Strafmilderung statt Entschuldigung) vor, wenn der Täter die Gefahr verursacht, also erst recht wenn er sie verschuldet hat[37]. Die Provokation ist zwar auch an dieser Stelle nicht ausdrücklich genannt, aber ohne weiteres subsumierbar:

> Beispiel: Der Täter hat es durch aufstachelnde Redensarten („Du Feigling") erreicht, dass sich mit ihm ein anderer in Lebensgefahr begeben hat, aus der er sich selbst nur retten kann, indem er die Gefahr für den anderen vergrößert.

§ 213 StGB richtet also den Blick auf den provozierten Täter, § 35 StGB den Blick auf den Provokateur. Auch in der Interessenabwägung des rechtfertigenden Notstandes ist die Provokation im Zusammenhang der verschuldeten Notstandslage von Bedeutung[38], doch fehlt es an einer gesetzlichen Anknüpfung im Wortlaut des § 34 StGB. Die folgenden Ausführungen beschränken sich auf den Vergleich mit der Affekttötung.

---

37. Vgl. dazu Kühl, AT, § 12, Rn.18 f, 62 ff.; Neumann, Zurechnung, S. 207 ff.
38. Vgl. Küper, Notstand, S. 40 ff.

Nach § 213 StGB wird ein Totschlag (§ 212 StGB) milder bestraft, wenn der Täter durch eine ihm selbst oder einem Angehörigen zugefügte Misshandlung oder schwere Beleidigung von dem Getöteten zum Zorn gereizt und hierdurch auf der Stelle zur Tat hingerissen worden ist[39]. Man spricht bei dieser Vorschrift meist vom „Affekttotschlag".

Vergleicht man die hier beschriebene Situation mit der Notwehrprovokation, versetzt man also den provozierten Totschläger in die Rolle des provozierten Angreifers bei der Notwehr, so zeigen sich Unterschiede und Gemeinsamkeiten in Inhalt und Funktion des Provokationsbegriffs. Im Rollenspiel der Notwehrprovokation und des Affekttotschlags lässt sich der später Getötete mit dem rechtswidrig handelnden Angreifer im Notwehrverhältnis vergleichen, dessen Angriff an der freilich exzessiven, daher nicht gerechtfertigten Verteidigung des Totschlägers abprallt.

Die Verbindung einer provozierten Affekttötung mit einem entschuldigten Notwehrexzess findet sich beispielhaft in folgender BGH-Entscheidung:

> Der von seinem Bruder immer wieder gereizte, durch eine Gehbehinderung gehemmte Täter ließ sich durch Sticheleien zu einem Angriff verlocken und setzte sich gegen den dadurch provozierten Angriff mit einer explosiblen Tötungshandlung zur Wehr.

Der BGH nimmt (zugleich mit dem äußerst seltenen) Fall einer Aufhebung der Schuldfähigkeit eine Notwehrrechtfertigung an. Das Zusammentreffen des Verteidigungswillens mit dem aggressiven Tötungswillen sei zusammen mit der Furcht vor dem übermächtigen Bruder als gebündelte Motivationslage zu verstehen[40].

Bei § 213 StGB ist nur die spontane Reaktion des Täters begünstigt, wenn er „auf der Stelle" zur Tat hingerissen wird. Bei der Notwehrprovokation dagegen hat die Rechtsprechung auch ein Verhalten anerkannt, das zurückliegt und erst nach einer gewissen zeitlichen Unterbrechung zu einer Angriffs- und Verteidigungssequenz führt[41]. In der Praxis verringert sich allerdings dieser Unterschied: Die Rechtsprechung zu § 213 StGB erkennt an, dass sich die Auslösereize zum tödlich

39. Obwohl es sich um eine (benannte) Strafzumessungsregel handelt, ist die Strafmilderung nach h.M. obligatorisch, vgl. LK-Jähnke, § 213, Rn. 2 m.w.Nachw.; a. A. SS/Eser, a.a.O., Rn. 8.
40. BGHSt 3, 194; auch eine nicht exzessive, also gerechtfertigte Verteidigung wird erwogen.
41. Vgl. BGH JR 1984, 205; vgl. dazu unten 2. Kap., Text vor Fn. 122. Allerdings sind auch hier gewisse, in der Rechtsprechung bisher aber nicht präzisierte zeitliche Zusammenhänge zu beachten.

endenden Angriff durch immer wiederholte kleine und für sich unbedeutende „Nadelstiche“ summieren können; der letzte, auslösende Anlass ist dann oft ganz unbedeutend. Die Rechtsprechung hat dieses oft beschriebene Phänomen richtig eingeschätzt und daher auch länger dauernde affektive Prozesse als Provokation im Sinne des § 213 StGB anerkannt[42].

Die Provokation nach § 213 StGB darf ihrerseits nicht verschuldet sein; hat der Täter das provokative Verhalten des Gegners durch eigene Schuld herausgefordert, entfällt die Strafmilderung. Hier bietet sich eine Parallele zur sogenannten „provozierten Provokation“ an, die im Vorfeld einer Notwehr anzutreffen ist[43]. „Provozierte Provokation“ gibt es auch im Umfeld von § 213 StGB meist in Verhältnissen zerstrittener Partner, die sich schon lange Zeit immer wieder in Auseinandersetzungen begegnen, bis es schließlich zum aggressiven Durchbruch der Tötungshandlung kommt.

Die Rolle des „Provokateurs“ ist zufallsbestimmt; einmal hat sie der eine, ein anderes Mal der andere gespielt. Die Rechtsprechung zeigt auf, dass nicht jedes aggressionsauslösende Verhalten als Provokation gewertet werden darf. Macht der Täter dem anderen berechtigte Vorhaltungen über ein tadelnswertes Verhalten, liegt eine Provokation nicht vor. Auch dies lässt sich auf die Provokationsbestimmung bei der Notwehr übertragen. Der BGH spricht mit Recht von der notwendigen „Ganzheitsbetrachtung des beiderseitigen Verhaltens“ [44] und gelangt zu meist überzeugenden Ergebnissen in der Bewertung des jeweiligen Verhaltensanteils[45].

Im ganzen lassen sich übereinstimmende Problem- und Wertungsaspekte beim Affekttotschlag und der Notwehrprovokation feststellen. Man könnte die Privilegierung[46] des § 213, 1. Alt. geradezu im Analogiewege für die Legitimation der Einschränkung der Notwehr nach Provokation heranziehen: Wenn schon die Interessenlage des Totschlägers als des provozierten Angreifers anerkannt wird,

---

42. Nachweise aus der Rspr. bei SS/Eser, Rn. 9 zu § 213; vgl. auch Eser, in Middendorf-FS, S. 65 ff. Darin könnte auch für die Beziehung zwischen Provokation und Angriff bei Notwehr eine beachtenswerte Überlegung stecken: Die Provokation kann sich auch aus einer Summe kleiner, für sich unbedeutender Sticheleien usw. zum Affektdurchbruch eines rechtswidrigen Angriffs aufstauen.
43. Vgl. Hassemer, in Bockelmann-FS, S. 232 ff., der aber zu weit geht, wenn er daraus grundsätzliche Einwendungen gegen die Bedeutung der Provokation für den Umfang des Notwehrrechts überhaupt ableitet.
44. BGH bei Eser, in Middendorff-FS, S. 71; vgl. auch SS/Eser, § 213, Rn. 7.
45. Eser, a.a.O., auf der Grundlage meist unveröffentlichter BGH-Entscheidungen.
46. Das ist nicht als Privilegierung im technischen Sinne zu verstehen, da § 213 Strafzumessungsregel ist.

dann verdient auch die Situation des provozierten Angreifers eine Berücksichtigung, die sich hier freilich, entsprechend der umgekehrten Täterrolle, zu Ungunsten des Notwehrtäters auswirken muss. Nach Jakobs[47] steht der Rechtsgedanke, dass derjenige, der ein Gut schuldhaft in einen Konflikt verstrickt, die mit der Konfliktlösung verbundenen Beeinträchtigungen zum Teil mittragen muss, hinter beiden Regelungen.

II. Zu Begriffsbestimmung und Erscheinungsformen der Provokation

1. Vorfragen

Das Phänomen der Provokation ist in der Literatur immer wieder untersucht worden. Man hat Modelle entworfen, um die einzelnen Ausformungen zu erfassen. Als unverzichtbarer Bestandteil jeder Begriffsbestimmung werden dabei naheliegenderweise hervorgehoben: Das Provokationsverhalten, der provozierte Angriff und die Abwehr dieses Angriffs durch den Provokateur. Selbstverständlich stehen diese drei Erfordernisse im zeitlichen Verhältnis des Nacheinander. Alles weitere ist fraglich. Es ist schon Vorsicht geboten, den Zusammenhang zwischen Provokation, Angriff und Verteidigung als Kausalverhältnis zu bezeichnen. Der (rechtswidrige) Angriff setzt ja eine freie Entscheidung des Angreifers voraus, was zwar mit dem modernen Verständnis von Kausalität übereinstimmt, welches die Kausalität bei menschlichen Zwischenursachen anerkennt, doch gibt es eine traditionelle Kausallehre, die dann eine Unterbrechung annimmt (Lehre vom Regressverbot)[48]. Diese Lehre wird heute zwar nicht mehr als Kausallehre vertreten, wohl aber als eine Lehre von der Unterbrechung des Zurechnungszusammenhangs verstanden.

Die willentliche Handlung einer anderen Person gilt als eines der wichtigsten Beispiele der unterbrochenen Zurechnung[49]. Auch dies mag ein Grund sein, dass man bei den Bemühungen um die Notwehrprovokation den *Zusammenhang* von Provokation, Angriff und Verteidigung weniger untersucht hat als das isolierte Vorverhalten, um dieses für sich selbst auf seinen provokativen Gehalt zu analysieren.

47. Jakobs, AT, 12/49.
48. Vor allem Frank, Anm. III, 2 a, zu § 1 (S. 14); vgl. Ling, Unterbrechung, S. 101 ff.
49. Vgl. Ebert-Kühl, Jura 1979, S. 569 f.; Kühl, AT, § 4, Rn. 31, 49 ff.; neuerdings Engländer, Jura 2001, 537.

Im folgenden sollen die erreichten Ergebnisse kurz zusammengestellt werden. Wichtiger noch sind die anschließend zu erörternden Fragen über den Zusammenhang zwischen Vorverhalten, Angriff und Verteidigung, aus dem rückschließend der provokative Gehalt des Vorverhaltens erst eigentlich ermittelt werden kann.

2. Vorverhalten als Provokation

Jedes Vorverhalten kommt als Provokation in Betracht, sogar die Unterlassung, die z.B. bei unterlassener Hilfeleistung durchaus Empörung und rechtswidrige Aggression nach sich ziehen kann[50].

Zunächst lässt sich eine Einteilung unter dem Aspekt der möglichen Rechtswidrigkeit des Vorverhaltens treffen. Das Provokationsverhalten kann rechtlich erlaubt sein; es kann sogar rechtlich geboten sein, es kann rechtswidrig und sogar strafrechtswidrig sein oder nur eine bloße Ordnungswidrigkeit. Mit dieser Einteilung wird aber nicht mehr als ein Anknüpfungspunkt für weitere Fragen geschaffen, die sich auf eine mögliche Rechtfertigung oder Entschuldigung beziehen können oder die Untersuchung nahe legen, ob die Tat nicht fortdauert und daher selbst als Angriff zu verstehen ist, der Ziel einer gerechtfertigten Verteidigung wird.

Schließlich ist das zwischen Rechtswidrigkeit und Erlaubtheit liegende Verhalten, das sozialethisch anstößig und missbilligenswert ist, als besonders problematische Fallgruppe zu benennen. Unter dem Aspekt der sozialethischen und rechtlichen Bewertung des Vorverhaltens ergibt sich damit folgende Übersicht:

50. Der Gedanke einer Unterlassung als Provokation wird mangels größerer praktischer Bedeutung hier nicht weiter verfolgt, taucht aber im Schrifttum gelegentlich auf; vgl. 2. Kap., bei Fn. 126.

Rechtlich gebotenes Verhalten	z.B.: Pfändung durch den Gerichtsvollzieher, Verhaftung und Festnahme durch den Polizeibeamten usw.[51]
Rechtlich erlaubtes Verhalten	z.B.: Aufsuchen der eigenen Wohnung[52]; Betreten allgemein zugänglicher Räume wie Bahnhof, Gasthof und Schule[53]. Einforderung eines Darlehens[54].
Sozial missbilligtes, rechtlich aber nicht verbotenes Verhalten	z.B.: aufdringliches Beobachten eines Liebespaares[55], aufdringliches Pfeifen[56]; Fensteröffnen bei kaltem Wind[57].
Verbotenes(rechtwidriges) Verhalten, nicht strafbewährt	z.B.: Besitzentziehung, Verletzung fremden Wegerechts[58].
Ordnungswidriges Verhalten	z.B.: Vorfahrtsverletzungen im Straßenverkehr.
Strafbares Verhalten	Vergehen, Verbrechen.

Ein *strafbares* Verhalten, das dem Angriffs- und Verteidigungsgeschehen vorgelagert ist und sich gegen den Angreifer richtet, stellt zwar häufig eine Provokation dar, doch gilt das nicht ausnahmslos. Die Tat kann gerechtfertigt oder entschuldigt sein[59]. Auch die zeitliche Position des *„Vor"*- Verhaltens ist nicht immer eindeutig: Das Verhalten kommt mitunter selbst schon als rechtswidriger Angriff in Betracht, der den Adressaten zur Notwehr berechtigt. Überschreitet dieser allerdings die Notwehrgrenzen, bleibt der Akt als Provokation bestehen, mit entsprechenden Konsequenzen für die Notwehr gegen die Notwehrüberschreitung.

51. Vgl. Bertel, ZStW 84, 27 f., der auch auf die Möglichkeit des provokativen Vollzugs solcher Akte hinweist.
52. Vgl. den „Baracken"-Fall, BGH NJW 1962, 308.
53. Vgl. BGH JR 1984, 205, dazu unten 5. Kap., Fn. 263.
54. Vgl. BGHSt 27, 336; dort lag der Fall allerdings umgekehrt; der Täter hatte die Rückzahlung verzögert und war massiv bedrängt worden.
55. Vgl. Bay ObLG NJW 1962, 1782; dazu Roxin, ZStW 75, 543; Beispiel 12.
56. Vgl. BGH (Dallinger) MDR 1958, 12 f.; Roxin, a.a.O., Beispiel 9.
57. Vgl. BGHSt 42, 97
58. Vgl. Bay ObLG MDR 1965, 65.
59. Vgl. BGHSt 4, 88; dazu unten 2. Kap., Text nach Fn. 112.

3. Die subjektive Tatseite des Provokationsverhaltens

Bei der Frage, ob eine fahrlässige oder vorsätzliche oder sogar eine absichtliche Provokation gegeben ist, muss der Gegenstand des subjektiven Bezugs genau festgelegt werden. Wir fragen hier zunächst nur, ob der provokative Inhalt des Verhaltens wissentlich und willentlich gesetzt worden ist oder nicht. Die Frage, ob der Provokateur mit seinem Verhalten einen Angriff hervorrufen wollte, wird zunächst zurückgestellt. Dann ergibt sich folgende Übersicht:

Unvermeidbarkeit	Der provokative Inhalt ist unvorsätzlich und unerkennbar.	In Gesprächen mit dem Ausländer X benutzt A ein allgemein übliches Wort, das X für eine Schwer Beleidigung hält.
Unbewusste Fahrlässigkeit	Der provokative Inhalt war unvorsätzlich erfolgt, aber erkennbar.	A hätte bei Nachdenken erkennen können, dass X das Wort als Beleidigung missverstehen könnte.
Bewusste Fahrlässigkeit	Täter hält den provokativen Gehalt seiner Handlung für möglich, vertraut aber darauf, er werde nicht wahrgenommen.	A denkt an die beleidigende Nebenbedeutung, hofft aber, X werde sie nicht kennen.
Bedingter Vorsatz	Täter findet sich damit ab, dass sein Verhalten provozieren kann.	A nimmt in Kauf, dass seine nicht provokativ gemeinte Äußerung als Provokation verstanden wird.
Direkter Vorsatz	Täter erkennt, dass seine Äußerung provozieren muss; darauf kommt es ihm aber nicht an.	A hat den X im Verdacht des Diebstahls und sagt: „Gib mir zurück, was du mir gestohlen hast.“
Absicht	Verhalten soll nur oder überwiegend provozieren.	„Du Dieb.“

Die subjektive Tatseite des Provokationsverhaltens sagt über die Frage, ob es sich um einen Fall der provozierten Notwehrlage handelt, noch nichts aus. Allerdings lässt sich hier schon die unvermeidbar provozierende Verhaltensweise ausschließen.

III. Der Zusammenhang von Provokation, Angriff und Abwehr

Bei der Betrachtung des Zusammenhangs von Provokation, Angriff und Abwehr zeigen sich unterschiedliche Fallgestaltungen. Ihnen allen ist allerdings gemeinsam, dass das Vorverhalten als Provokation nur in Betracht kommt, wenn es für den Notwehrvorgang äquivalent-kausal ist. Eine erfolglose Provokation berührt das Notwehrrecht nicht: Greift der andere nicht wegen der Provokation, sondern aus anderen Gründen an, ist das Notwehrrecht auch bei grober Provokation weder aufgehoben noch eingeschränkt[60].

Eine weitere Konstante im Zusammenhang zwischen Provokation und Angriff ist anscheinend gegenläufiger Natur: Der (rechtswidrige) Angriff ist immer ein selbstverantwortlicher, autonomer Akt. Ob dies eine Zurechnung des Schadens der Provokation von vornherein verhindern würde, wie in der Lehre von der objektiven Zurechnung vielfach vorgetragen wird[61], ist an dieser Stelle noch nicht zu entscheiden. Hier geht es zunächst nur um eine Übersicht der wichtigsten Erscheinungsformen des Aufeinandertreffens von Provokationsverhalten und Angriff. Dabei kann sich das räumliche und zeitliche Verhältnis, vor allem aber die Proportionalität zwischen beiden sehr verschieden gestalten.

1. Provokation und Angriff folgen spontan aufeinander

Diese einfachste und häufigste Form des Zusammenhangs kehrt auch in komplizierten Sachverhalten wieder:

> G will A mit der Faust niederschlagen und holt schon aus. A schlägt ihn in erforderlicher Verteidigung zu Boden. Voll Zorn über den Angriff zückt er einen „Totschläger“, um den A umzubringen, wird aber von A mit einer bisher verborgenen Schusswaffe getötet[62].

Dieses Spontanverhältnis in der Beziehung Provokation – Angriff ist zwar die „Grundform“, kann aber Schwierigkeit bereiten. Provokation und Abwehrakt müssen durch die Zäsur des Angriffs in deutliche Einzelabschnitte zerlegt sein. Stellt sich die Provokation als Tätlichkeit dar, dann ist der Angriff des anderen,

---

60. Allerdings gibt es manche Grenzfragen, z.B. bei Doppelkausalität. Etwa: Der Täter hat sich an den provozierenden Zurufen einer Menschenmenge beteiligt („Haut ihn“). Ist sein Notwehrrecht eingeschränkt, wenn der Betroffene den Täter individuell angreift? Hier ist auf die allgemeine Kausal- und Zurechnungslehre zurückzugreifen.
61. Vgl. Ebert-Kühl, a.a.O., (oben Fn. 49.)
62. BGH JZ 2001, 664. m. Anm. Roxin; dazu Engländer, Jura 2001, 534.

den der Täter unterdrückt, um seine Tätlichkeit zu Ende zu führen, ein einheitliches Kampfgeschehen, das sich nicht in die Phasen Provokation-Angriff-Abwehr unterteilen lässt.

Ein Beispiel bietet RGSt 66, 244: A und X kämpfen. In einer kurzen Kampfpause fordert ein Dritter (D) den A zum Verlassen des Kampfplatzes auf, doch vergeblich: Als X den A wieder angreift, zieht A ein Messer und sticht X nieder.

Nach heutigem Verständnis des Einschränkungsmodells liegt es nahe, den ersten Kampfakt als (wechselseitige) Provokation aufzufassen, die neue Attacke des X als „rechtwidrigen Angriff" und den Messerstich als Abwehr. Fraglich wäre dann, ob wegen der vorangegangenen ersten Kampfphase, als Provokation verstanden, A zur Flucht oder jedenfalls zum Verzicht auf das Messer verpflichtet gewesen wäre[63]. Ähnlich hatte die Vorinstanz den Fall beurteilt (ohne dass ihr freilich die Kategorien der Einschränkungslösung schon zur Verfügung gestanden hätten). Im Ergebnis übereinstimmend, behandelt das Reichsgericht den Fall ohne Beanspruchung der Notwehrprüfung als ein einheitliches Kampfgeschehen und weist die Rechtfertigungsthematik insgesamt zurück. Allerdings benutzt auch der Senat ein Argument aus der Notwehrdogmatik: Der Täter habe keinen Verteidigungswillen gehabt, sondern den Kampf nicht mit „Abwehrwillen", sondern mit „Angriffswillen" und aus „Ehrgeiz" fortgesetzt.

Allerdings gibt es den Fall, dass Provokation und Eskalation durch Angriff und Abwehr dem bereits begonnenen Kampf ein anderes, etwa lebensgefährliches Gepräge geben: Bei einer „harmlosen" Prügelei mit Fäusten nimmt A unerwartet einen Knüppel, B zieht ein Messer, und A wiederum nimmt darauf die Pistole. Hier wird das Schema von Provokation, Angriff und Abwehr mit der Einschränkungsfolge wieder anwendbar. Die einleitende Kampfhandlung wird gegenüber der exzessiven eskalierenden Abwehr zur Provokation, auf welche – bei Anerkennung des Einschränkungsmodells – die Ausübung und das Ausmaß der Notwehr abzustellen wäre.

Wir halten also fest, dass der Angriff durch die Provokation verursacht sein muss (die untaugliche Provokation also außer Betracht bleibt), dass die Provokation andererseits den Angriff als auf dem selbständigen Entschluss des anderen beru-

63. Ein vorangegangenes Kampfgeschehen unter zwei oder mehreren Personen ist nicht leicht mit dem Begriff der Provokation zu verbinden, doch spricht nichts dagegen, allen Streithähnen die Zurückhaltung des Provokateurs aufzuerlegen, wenn es zu einer neuen Auseinandersetzung kommt: Das Privileg der Verteidigung der Rechtsordnung ist durch den früheren Kampf verwirkt.

henden Aktes auslösen muss. Die Selbständigkeit des rechtswidrigen Angriffs ist also nicht ein die Zurechnung hinderndes Moment, sondern ist zwingend erforderlich, um in das Schema Provokation- Angriff- Abwehr hineinzuführen.

Eine weitere Konstante lässt sich hervorheben:

Bei rechtswidrigem Angriff muss auf der Seite des Angreifers Wissen in bezug auf die Provokation vorliegen[64]. Damit ist der Fall der Notwehrprovokation durch ein Element aktuellen Wissens gekennzeichnet, das der Notwehrkonstellation im allgemeinen nicht zukommt. Der „rechtswidrige Angriff" kann tatbestandlos und fahrlässig erfolgen: Er muss nur rechtswidrig oder, was umstritten ist, allenfalls auch sozialwidrig im vorstrafrechtlichen Sinne sein. Zwar ist auch bei den Provokationsfällen möglich, dass der Angriff im Ergebnis sich als unvorsätzlich darstellt (z.B. eine versehentliche Belästigung im Straßenverkehr); eine unwissentliche Reaktion auf provokantes Verhalten scheidet aber als Fallgruppe im Einschränkungsschema der Provokation aus. Mindestens im Initialstadium muss also der auf die Provokation erfolgende Angriff vorsätzlich eröffnet werden. Der zur Notwehr an sich ausreichende fahrlässige Angriff ist daher für die Themenstellung dieser Arbeit ohne Bedeutung.

2. Zeitlich-räumliche Zäsuren zwischen Provokation und Angriff

Die Fälle eines unterbrochenen Zusammenhanges bereiten die größeren Schwierigkeiten. Der Täter befindet sich mit dem Gegner in einer Auseinandersetzung, die sich als Provokation verstehen lässt. Man trennt sich jedoch; später trifft man sich wieder, und nun kommt es zum Angriff und zur Abwehr des Täters.

> Der betrunkene A war in eine Wirtshausschlägerei verwickelt und begab sich danach in seine Wohnung. Der Gastwirt, der bei der Schlägerei nicht anwesend war, suchte ihn dort auf, stellte ihn zur Rede und verließ ihn wieder. A steigerte sich in einen Zustand der Wut, ergriff ein Messer und lief vor das Wirtshaus, das der Wirt inzwischen verschlossen hatte. Sein früherer Kampfgegner H sprang aus dem Fenster und griff ihn heftig an. A stach mit dem Messer zu und verletzte H lebensgefährlich[65].

64. Während umgekehrt auf Seiten des Täters fahrlässiges Verhalten in Betracht kommt, vgl. oben Übersicht II, 2; vgl. Hinz, JR 1993, 353 ff.
65. BGHSt 26, 143.

Der BGH nimmt einen Fall provozierter Notwehrlage an und verlangt Feststellungen über die Möglichkeiten einer Flucht oder einer hinhaltenden, wenn auch risikobelasteten Abwehr. Er spricht von einer leichtfertigen Provokation, macht aber nicht deutlich, worin genau diese nach dem Sachverhalt liegt. Das neuerliche Erscheinen vor dem Wirtshaus war nicht mit Drohungen, Schimpfreden oder Vorzeigen des Messers verbunden: Es handelt sich nur um ein Wiederaufsuchen des Ortes der früheren Schlägerei. Diese selbst ist nun freilich ein Verhalten, das als Provokation in Betracht kommt, doch liegen eine erhebliche zeitliche Distanz und ein Ortwechsel zwischen den Begebenheiten[66]. Der BGH stellt daher ein signifikant provokatives, vom Notwehrgeschehen aber durch eine zeitliche Zäsur getrennte Verhaltensweise und eine spätere, dem Notwehrgeschehen unmittelbar vorgelagerte fest, aber für sich gesehen wird neutrale und erlaubte Handlung zur Auswahl, mag sie auch den eigentlichen Anreiz für den Angriff des H abgegeben haben. Diese Fragen seien noch dahingestellt[67].

Wir halten hier fest:

a. Ein Verhalten kommt als Provokation grundsätzlich auch in Betracht, wenn es durch eine zeitliche und örtliche Zäsur von der Notwehraktion getrennt ist. Eine nähere Präzisierung lassen die Rechtsprechung und Literatur bisher vermissen.

b. Die Notwehr und die Provokation brauchen sich nicht unter identischen Personen abzuspielen. (Die Schlägerei wäre auch als Provokation gewertet worden, wenn statt des H der früher unbeteiligte Wirt angegriffen hätte).

c. Ob eine frühere Provokationshandlung (wie die Schlägerei) eine an sich wertneutrale Handlung (wie den zweiten Wirtshausbesuch) mit provokativem Gehalt versehen kann, ist diskussionswürdig, wird aber vom BGH übergangen.

In diesem Zusammenhang ist auch von Interesse, ob die Verwendung oder Benutzung der zeitlichen oder örtlichen Distanz für die Besorgung des besonderen Abwehrmittels (das Messer; in anderen Fällen wird ein Helfer herbei gezogen[68]) das neutrale Auslöseverhalten seiner Neutralität entkleidet.

66. Die Abfolge der Ereignisse ist auch ziemlich erwartungswidrig: Dass H aus dem Fenster springen und den A angreifen würde, macht die Adäquanzfrage problematisch; darüber vgl. unten 5. Kap., Abschnitt III, 2.

67. Vgl. unten 3. Kap.

68. BGH JR 1984, 205.

3. Adäquanzprobleme im Verhältnis von Provokation und Angriff

Es ist unbestritten, dass zwischen der Provokation und dem Notwehrgeschehen eine Adäquanzbeziehung bestehen muss[69]. Nach herkömmlicher Betrachtungsweise ist einer Adäquanz gegeben, wenn der Folgevorgang nicht außerhalb aller Lebenserfahrung liegt. Das ist ein sehr weiter Rahmen. Ist ein Vorverhalten erst als Provokation bezeichnet, so liegt schon fast im Begriff selbst die Erwartung der entsprechenden Folge, so dass dem Erfordernis „nicht außer aller Lebenserfahrung“ in der Regel genügt sein dürfte. Die Korrekturfunktion einer solchen Adäquanz ist dürftig.

Nun ist die Wahrscheinlichkeit im Adäquanzmaß graduierbar; der Koeffizient „nicht außer aller Lebenserfahrung“ hängt mit der Funktion zusammen, aus dem Kausalnexus der Adäquanztheorie die gewissermaßen abenteuerlichen Verlaufsformen auszufiltern[70]. Bei anderen Fragen kann sich das Zusammenhangsproblem aus normativen Gründen enger stellen und bedarf dann eines höheren Wahrscheinlichkeitsgrades der Adäquanz. Beim erfolgsqualifizierten Delikt wird eine „spezifische Gefahr“ des jeweiligen tatbestandsmäßigen Erfolges verlangt, die der tatbestandsmäßigen Vorsatzhandlung innewohnt[71]. Sie wird durch Aspekte der Dritt- und Fremdeinwirkung und Schutzzweckerwägungen des jeweiligen Normenkreises kontraindiziert, was durch das Erfordernis der „Unmittelbarkeit“ ausgedrückt wird[72]. Grund für diese Steigerung des Adäquanzmaßes ist der hohe Unrechts- und Schuldgehalt der erfolgsqualifizierten Delikte, der im Strafrahmen zum Ausdruck kommt.

Ähnliche Überlegungen sind beim Zusammenhang von Provokation und Angriff statthaft. Eine Einschränkung des Feldes provozierter Notwehrlage ist geboten, denn als Ausnahme vom allgemeinen Notwehrrecht bedarf sie der Restriktion. Die Rechtsprechung zeigt gelegentlich Ansätze dazu[73]. Auf diese Frage ist später noch näher einzugehen[74].

---

69. Vgl. nur Jescheck-Weigend, § 32, III, 3 a, S. 347.
70. Vgl. Ebert-Kühl, a.a.O., (oben Fn. 49).
71. SS/Stree, § 227, Rn. 3.
72. Jescheck-Weigend, § 26, II,1 a, S. 262.
73. Vgl. BGH vom 23. 8. 1995, BGH StGB § 32 Abs. 2, Verteidigung 11: Ein „dummer Spruch“ reicht nach schon abgeschlossener verbaler Auseinandersetzung nicht aus, um einen heftigen körperlichen Angriff als „provoziert“ erscheinen zu lassen, obwohl er ihn auslöste.
74. Vgl. 5. Kap., Text bei Fn. 255.

IV. Die subjektive Beziehung des Provokateurs zu Angriff und Abwehr

Oben hatten wir die denkbaren subjektiven Beziehungen zwischen dem Provokateur und den. Inhalt des für sich betrachteten provozierenden Verhaltens zusammengestellt[75]. Vielfältiger sind die Spielarten der Beziehung zwischen dem Provokateur und den Ereignissen von Angriff und Abwehr. Im folgenden gehen wir von der stärksten Beziehung aus, die den Kernbereich der Absichtsprovokation bildet; in den weiteren Schritten schwächen wir die Beziehung Stück für Stück ab. Auch das Willensmoment spielt neben dem Wissensmoment mit.

a. Der Provokateur rechnet mit dem Angriff des anderen und will ihn auch. Er rechnet auch mit der Art und Weise des Angriffs und kennt dessen Rechtswidrigkeit, die er in Rechnung stellt. Die Art der Abwehr hat er geplant, gerade auch in der Qualität einer Notwehrhandlung.

   Beispiel: A rechnet damit, dass B ihn auf die Bemerkung „Du Dummkopf" mit der Faust angreift und schlägt ihn, wie geplant, mit dem Knüppel zu Boden. Er weiß, dass er kein milderes Mittel hat und hat sich mit diesem Hintergedanken in die Notwehrlage manövriert.

Objektiv und subjektiv liegt eine *Absichtsprovokation* vor.

b. Der Täter A weiß, dass seine Provokation einen Angriff verursacht, den er auch will, um den anderen zu schädigen. Er weiß, dass ihm für eine wirksame Verteidigung kein anderes Mittel als der Schlag mit dem Knüppel bleibt. Über die Rechtswidrigkeit des Angriffs mit Fäusten und die Erlaubtheit einer Abwehr denkt er nicht nach.

Auch hier liegt eine Absichtsprovokation vor; der Täter handelt im – regelmäßig – vermeidbaren *Verbotsirrtum*.

c. Der Täter A weiß, dass seine Provokation einen Angriff der Art und Weise auslöst, die dem Angreifer nicht erlaubt ist. Die eigene Abwehrhandlung verbindet er

   aa. mit festen Vorstellungen: Der Vorsatz erstreckt sich von der Provokation über das Zwischenglied der Notwehr bis zum aus der Abwehr resultierenden Schaden.

   bb. mit einer unbestimmten Vorstellung „Ich muss mich wehren": Vorsatz nur bezüglich Angriff.

75. Vgl. oben II, 2.

cc. Er denkt vorher noch nicht an eine Verteidigung: Eine Vorsatzbeziehung zwischen Provokation, Angriff und Abwehr fehlt.

d. Der Täter A rechnet sicher mit einen Angriff, es kommt ihm aber nicht darauf an, denn er verfolgt andere Zwecke: Direkter Vorsatz (2. Grades).

Beispiel: Der Einbrecher A rechnet für den Fall seiner Entdeckung durch den ihm als sehr gewalttätig bekannten Nachtwächter sicher mit einem lebensgefährlichen Kampf und der einzig möglichen Abwehr durch Tötung. Es geht ihm freilich nur um Beute, nicht um die Tötung des N.

e. Der Täter A hält einen Angriff für möglich; er nimmt ihn in Kauf: Bedingter Vorsatz.

f. Der Täter A hält einen Angriff für möglich, vertraut aber darauf, der andere werde die Provokation nicht ernst nehmen und nicht tätlich werden: Bewusste Fahrlässigkeit.

g. Der Täter A hat nicht bedacht, dass der andere auf seine Provokation angreifen würde: Unbewusste Fahrlässigkeit.

Wir halten hier fest, dass das eine Abschwächung der Bewusstseinsform am Gegebensein einer Provokation und der Verpflichtung zur Rücksichtnahme im Sinne des Einschränkungsmodells nicht ändert, wenn dem Täter das Provozierende des Verhaltens noch nachträglich und noch vor der Ausgestaltung seiner Verteidigung zum Bewusstsein kommt. Anders, wenn man den Schwerpunkt der Vorwerfbarkeit im Provokationsverhalten selbst erblickt: Alle Bewusstseinsformen, bei denen der Provokationsvorsatz Angriff, Abwehr und Schaden nicht in der Form des direkten oder bedingten Vorsatzes umfasst, lassen höchstens eine Fahrlässigkeitshaftung zu.

2. Kapitel:

Von der Einzellösung zum Einschränkungsmodell: Die Entwicklung des Provokationsproblems in der Rechtsprechung

Es hat lange gedauert, bis die Provokation des Notwehrangriffs als selbständiges, sogar signifikantes Thema des Notwehrrechts erkannt wurde. Noch 1931 wird die Provokation im seinerzeit führenden Kommentar von Frank mit einer Randbemerkung abgetan. Die Provokation schließe die Rechtswidrigkeit des provozierten Angriffs nicht aus, heißt es ohne weitere Vertiefung. Dann geht Frank ohne Übergang zum Notwehrrecht des Provozierten über, bei einer Provokation, die selbst bereits „gegenwärtiger rechtswidriger Angriff" ist. Sie rufe „das Recht der Notwehr auf Seiten des Provozierten wach"; so lange dieser sich in den richtigen Grenzen wehre, sei der Provokant durch Notwehr nicht gerechtfertigt[76]. Das ist gewiss kein Schwerpunkt des Provokationsproblems. Allerdings nennt Frank als Beispiel für eine solche Provokation die Beleidigung, hinter der sich, wie wir heute wissen, zahlreiche Fragen bezüglich ihrer Notwehrtauglichkeit verbergen: Die „Gegenwärtigkeit" des Angriffs liegt nur vor, wenn die Fortsetzung der Beleidigung zu erwarten ist, und die heute so umstrittene Frage nach dem Grenzbereich zwischen lediglich sozial missbilligter und schon rechtswidriger Tat ist hier besonders oft gestellt[77]. Bemerkenswert ist immerhin, dass Frank seinen einzigen Beitrag zur Provokation bei der Interpretation eines Einzelmerkmals liefert, der „Rechtswidrigkeit des Angriffs". Noch weit entfernt ist eine Behandlung des Themas nach Prinzipien des Notwehrrechts oder gar eine Verbindung zu Grundmodellen wie der Zurechnungslehre. Die Vorgehensweise Franks entspricht aber derjenigen der Rechtsprechung vom frühen Reichsgericht bis zum BGH der 60er Jahre und der Literatur dieser Periode. Am einzelnen Merkmal und seiner Auslegung wird die Provokationsfrage unsystematisch erörtert. Bevor dies aufgezeigt wird, soll jedoch die Notwehrdefinition in ihren Einzelmerkmalen und deren Funktionszusammenhang erörtert werden.

76. Frank, Kommentar, Anm. I, 2 b zu § 53 (S. 161); dazu SS/Lenckner-Perron, § 32, Rn. 54 .
77. Vgl. SS/Lenckner-Perron, § 32, Rn. 59.

I. Der Begriff der Notwehrlage

Zentrum der Notwehrlage ist der *Angriff*. Darunter wird die von einem Menschen ausgehende Verletzung oder Gefährdung eines Interesses des Täters oder eines beliebigen anderen verstanden, das von der Rechtsordnung anerkannt und geschützt wird[78]. Hier gibt es Grenzfragen. Das verletzte Interesse kann in einem vorstrafrechtlichen Bereich, ja sogar auf der Grenze zur rechtlichen Anerkennung liegen. Man streitet z.B. immer noch um den Umfang der rechtlich geschützten Intimsphäre, etwa bei der in der Rechtsprechung aufgetretenen Frage, ob das Beieinander eines Liebespaars nachts in einem öffentlichen Park durch einen Lauscher als Rechtsgut betrachtet und verletzt werden kann[79]. Bejaht man das, so ist das Belauschen ein rechtswidriger Angriff, demgegenüber die Notwehr freisteht, gegen welche der Lauscher sich nicht verteidigen darf. Verneint man es, steht dem belauerten Liebhaber ein Notwehrrecht nicht zu. Der Lauscher handelt in Notwehr, wenn er sich gegen die Prügel verteidigt, die er bekommt. Sein Belauern aber ist nur dann eine Provokation, das ihn zu eingeschränkter Notwehr anhält, wenn man mit der noch herrschender Meinung eine sozial missbilligte Verhaltensweise ausreichen lässt und keine formelle Rechtswidrigkeit für die provokative Handlung fordert[80].

Schwierige Grenzfragen stellen sich zum Stadium des Angriffes. Dieser Begriff ist es, der im Zusammenwirken mit der *„Gegenwärtigkeit"* dem Notwehrgeschehen den gewissermaßen dramatischen Aspekt gibt: das plötzliche, überfallartige Angegriffensein, das zwar nicht begriffsnotwendig, aber typischerweise die Notwehrlage kennzeichnet[81]. Die Entwicklung des Begriffs der notwehrähnlichen Lage, dieses Spannungsfeldes vor dem Durchbruch eines Angriffes, und der Ausschluss der Präventivnotwehr haben dieses Grenzproblem besonders deutlich gemacht[82].

---

78. Jescheck-Weigend, § 32, II, 1a, S. 338; Hirsch, in Dreher-FS, S. 211 ff. Nach herrschender Meinung wird ein Rechtsgut der Allgemeinheit nicht von § 32 StGB erfasst; sehr umstritten, vgl. Jescheck-Weigend, a.a.O., S. 339 f. unten 5. Kap., Text bei Fn. 251.
79. Dagegen BayObLG, NJW 1962, 1782; Rötelmann, MDR 1964, 207; Jakobs, AT, 12/3, Fn. 4.; dafür Erdsiek, NJW 1962, 2240 (2242); Roxin, ZStW 75, 541.
80. Roxin, ZStW 75, 570 ff.; so Rspr., h.L.; vgl. Jescheck, AT, 4. Aufl., S. 311; anders aber jetzt Roxin, AT, § 15, VIII, Rn. 66. (S. 582 f.); Jescheck-Weigend, AT, S. 347.
81. Natürlich gibt es auch den Angriff in der Weise einer sich einschleichenden, eskalierenden Konfrontation, was etwa für den erpresserischen Angriff typisch sein mag, vgl. SS/Lenckner-Perron, § 32, Rn. 18.
82. Vgl. Roxin, § 15, V, Rn. 26, S. 562.

Der Charakter eines akuten, einschneidenden Ereignisses, der dem Begriff des Angriffs innewohnt, wird durch den Begriff der *Gegenwärtigkeit* mitgeprägt. Nicht weniger als die Zeitspanne vor dem Angriff hat die Zeit nach dem Angriff ihre Grenzprobleme. Hier stellt die „Obstdiebe"-Entscheidung des Reichsgerichts (RGSt 55, 83/85) einen bis heute gültigen Maßstab auf[83]. Vom formellen Vollendungszeitpunkt nach dem jeweiligen Tatbestand wird die Gegenwärtigkeit getrennt, und stattdessen auf den Schutzgedanken des Tatbestandes bezogen. So waren die Obstdiebe im Reichsgerichtsfall zwar nach der Vollendung ihres Diebstahls gestellt worden, doch begünstigt die Unsicherheit der Besitzverhältnisse unmittelbar nach diesem Zeitpunkt die Rückeroberung der Beute, so dass gerade jetzt das Notwehrrecht am Platze ist.

Diese Grenzfragen um Angriff und Gegenwärtigkeit sind für die Annahme einer Provokation wichtig. Wie sich gezeigt hat, ist die Zäsur zwischen Provokation und Angriff in der Abgrenzung zu einem „gemeinsamen" Kampfhandel von Bedeutung[84]: Aktion und Gegenaktion können so ineinander übergehen, so dass sich Provokation und Angriff nicht mehr treffsicher unterscheiden lassen. Dagegen wird mit dem Ausschluss der Präventivnotwehr und der notwehrähnlichen Lage ein Zeitraum abgesteckt, in dem das Verhalten zwar nicht mehr als rechtswidriger, zur Notwehr berechtigender Angriff, wohl aber als Provokation in Betracht kommt, wegen welcher auf die verspätete Verteidigung nur nach den Maßstäben der Einschränkungslösung reagiert werden darf. Nach abgeschlossenem Angriff ist das Notwehrrecht verbraucht. Handlungen, die unter dem Aspekt der Notwehr betrachtet Verteidigungshandlungen gewesen wären, verwandeln sich nun zur Provokation, die bei rechtswidriger, da verspäteter Verteidigung ihrerseits nur eine eingeschränkte Notwehr zulässt. Wäre im Beispiel des „Obstdiebe"-Falles[85], der Angriff als bereits abgeschlossen angesehen worden, hätten sie ihrerseits ein Notwehrrecht gegen Verfolgungsakte gehabt, doch hätten sie dieses Recht nur eingeschränkt ausüben dürfen, da ihr ursprünglich sogar zur Notwehr berechtigendes Diebstahlsverhalten immer noch als Provokation gegenüber dem Eigentümer stehen bleibt. So stehen die Einzelmerkmale des Angriffs und der Gegenwärtigkeit mit der Provokation in einer Wechselwirkung, die je nach der Sachlage zu rasch sich ändernden Bewertungen führen kann.

83. Vgl. auch Jescheck-Weigend, S. 341 f.

84. Vgl. oben 1. Kap., Abschnitt III, 1.

85. Dem Eigentümer eines Obstgartens hatten Diebe größere Mengen Obst gestohlen. Sie wurden gestellt und durch Schüsse an der Bergung der Beute gehindert, als sie diese in Körben schon über die Grundstücksgrenze gebracht hatten. Mit der weiter oben angeführten Begründung hatte das RG den Angriff als noch gegenwärtig bezeichnet.

Die *Rechtswidrigkeit* des Angriffs wird vielfach durch ziemlich nichtssagende Formeln umschrieben, etwa, dass der Angriff objektiv die Rechtsordnung verletzt[86]. Dahinter steht allerdings die fundamentale Frage, ob die Rechtswidrigkeit nur vom Erfolgsunwert, nur vom Handlungsunwert oder von beiden bestimmt werde. Im Zusammenhang des Notwehrangriffs geht es darum, ob auch schuldloses Verhalten, das nicht einmal pflichtwidrig ist, das sogar unvermeidbar ist, sogar ein bloßer Reflex ist, „rechtswidrig" im Sinne des § 32 StGB sein kann, wenn es zum Schaden führt[87]. Dagegen setzt sich immer mehr die Einsicht durch, dass die Rechtswidrigkeit des Angriffs auch bei § 32 StGB in der Form des Handlungsunrechts vorliegen muss[88].

Für die Provokation wirft das Fragen auf und stellt Abgrenzungsprobleme. Sie zeigen sich zugespitzt dann, wenn man mit einer Minderheitsauffassung als Provokation nur eine Handlung gelten lässt, die selbst für sich betrachtet pflichtwidrig ist[89]. Rechtswidriges Handeln in diesem Sinne ruft ja seinerseits ein Notwehrrecht auf den Plan; und so würde für die Einschränkung wegen Notwehrprovokation gerade die wichtigste Fallgruppe der Spontanreaktion weitgehend ausfallen, da sie meist schon ein die Notwehr auslösender rechtswidriger Angriff wäre. Die Einschränkung wegen Provokation würde sich dann auf die Fälle beschränken, in denen die Gegenwärtigkeit mit der getätigten Handlung endet (was bei den meisten Fällen des Äußerungsdelikts immerhin zutreffen dürfte) und vor allem bei den Fällen des zeitlich-räumlich unterbrochenen Zusammenhangs zwischen Provokation und Angriff[90].

II. Der Begriff der Verteidigungshandlung

1. Allgemeine Überlegungen

Der Text von § 32 StGB nennt durch Notwehr gerechtfertigt die Verteidigung, die geschieht, um einen gegenwärtigen rechtswidrigen Angriff von sich oder einem anderen abzuwehren. Dieser Text ist durch sein Schweigen fast beredter als durch seine Aussage, denn er verkürzt den Verhältnismäßigkeitsgrundsatz, dem eine

86. Jescheck-Weigend, AT, § 32, II, 1 c, S. 341; Hirsch, in Dreher-FS, S. 211 ff.
87. So die ältere Literatur vgl. Mezger, Strafrecht, S. 163, S. 234 mit Anm. 10; ebenso auch Welzel, Lehrbuch, § 14, II, 1 c, obwohl gerade er mehr als irgendein anderer der Lehre vom Vorrang des Handlungsunwertes den Weg geebnet hat.
88. Roxin, AT, § 15, IV, Rn. 14 ff., (S. 556 f.); Hirsch, in Dreher-FS, S. 213 ff., 222 ff.; Perron, Rechtfertigung, S. 85; vgl. Choi, Notwehr, S. 22 ff.
89. Roxin, AT, § 15, VIII, Rn. 66, (S. 582); anders noch ZStW 75, 570; vgl. oben Fn. 80.
90. Vgl. oben 1. Kap., III.

Regelung der Kollision von Rechtsgütern wie die Notwehr doch unterstellt sein müsste. Dieser Grundsatz zerlegt sich in die Aspekte der Geeignetheit, der Erforderlichkeit und der Angemessenheit[91], als deren inhaltlicher Gehalt die Güterabwägung anzusprechen ist. Gerade sie ist aber bei der Notwehr grundsätzlich nicht durchzuführen[92], so dass der Verhältnismäßigkeitssatz um seinen wichtigen abschließenden Aspekt verkürzt zu sein scheint[93]. Die Geeignetheit hat trotz verschiedener Literaturbemühungen[94] praktische Bedeutung in der Rechtsprechung nicht erlangt. So formuliert das Gesetz seiner Aussage über die Verteidigungshandlung neben dem später zu behandelnden subjektiven Rechtfertigungselement des Verteidigungsbewusstseins („um...abzuwehren") nur mit dem Merkmal der Erforderlichkeit. Dieses allerdings eröffnet ein weites Feld. Inhaltlich ist es gleichbedeutendend mit dem Ausdruck *„....nicht anders abwendbar"*, der sich in den Rechtfertigungs- bzw. Entschuldigungsvorschriften des Notstandes (§§ 34, 35 StGB) findet[95]. Auf die Erforderlichkeit konzentrieren sich daher die folgenden Ausführungen.

2. Die Erforderlichkeit

Die Erforderlichkeit enthält als zentrale Aussage das *Prinzip des gelindesten Mittels der Verteidigung*. Hat der Täter die Wahl unter mehreren Abwehrmitteln, muss er dasjenige nehmen, das den Angreifer am wenigsten verletzt oder gefährdet. Dann aber müssen ihm überhaupt mehrere Mittel der Verteidigung zur Wahl stehen, was zwar meistens, aber nicht immer der Fall ist. Bei mehreren zur Verfügung stehenden Mitteln ist also nach der hypothetisch möglichen für das Eingriffsgut schonenderen Handlung als der vom Täter tatsächlich durchgeführten zu fragen. Methodisch betrachtet ist also das wichtigste Regulativ der Notwehr erst durch den Vergleich mit einem hypothetischen und virtuellen Handlungsfeld zu begreifen. Zeigt die Prüfung, dass dem Täter eine andere Möglichkeit als die von ihm ergriffene gar nicht zur Verfügung stand, dann ist, grundsätzlich die Rechtfertigung zuzugestehen. Auch die Provokation ändert, jedenfalls im Einschränkungsmodell, daran nichts[96].

---

91. Vgl. etwa Paeffgen, Vorüberlegungen, 1985, S.165.
92. Dazu ausführlich Lilie, in Hirsch-FS, S. 279 ff., der auch die Ausnahmen dieses Grundsatzes aufzeigt.
93. Vgl. Erb, ZStW 108, 286 ff.
94. Warda, Jura 1990, 344 ff., 393 ff.
95. SS/Lenckner-Perron, § 34, Rn. 18; § 35, Rn. 13.
96. Vgl. zum ganzen Jescheck-Weigend, AT, § 32, II, 2 b, S. 343.; SS/Lenckner-Perron, § 32, Rn. 36 ff., jeweils m. w. Nachw.

Bei der Auswahl des gelinderen Mittels findet nun durchaus eine Güter- und Interessenabwägung statt, die aber mit der Interessenabwägung des § 34 StGB nicht zu vergleichen ist. Dort sind das Eingriffsgut und das Erhaltungsgut, also Güter (bzw. Interessen) aus der Sphäre des Täters und des Geschädigten, die auch real im Raum des Sachverhaltes stehen, gegeneinander abzuwägen. Bei der Fixierung des gelinderen Mittels aber liegen die vom bevorstehenden Verteidigungsakt möglicherweise verletzten Güter alle auf der Seite des Eingriffsopfers. Der Täter oder vielmehr ein objektiver Dritter hat sich in die Situation des Opfers zu versetzen und zu prüfen, was dessen Interessen am wenigsten schädigt[97]. Zur schonenderen Alternativhandlung braucht der Täter aber nicht zu greifen, wenn er dann die eigenen Verteidigungsinteressen gefährden würde. Er darf die Handlung so auswählen, dass sie „spontan, effektiv und risikofrei" wirksam ist. Diese Begriffe sind täterfreundlich auszulegen oder werden jedenfalls im allgemeinen von der Rechtsprechung so behandelt, dass sie möglichst klar und spielraumfrei den erlaubten Verteidigungsraum bezeichnen.

Das Notwehrgeschehen verläuft im Regelfall plötzlich und dramatisch und soll daher möglichst wenig mit Bedenken und Unsicherheiten belastet sein, die seine Durchschlagskraft schwächen würden. Die Trias „spontan, effektiv und risikofrei" besagt daher: Auf den schonenderen Eingriff durfte zugunsten des härteren Verteidigungsschlages verzichtet werden, wenn er erst nach hinhaltendem Kampf erfolgreich gewesen wäre (hinhaltende Verteidigung), wenn er dem Angreifer Gelegenheit gegeben hätte, sich zu erholen und den Angriff fortzusetzen oder neu anzugreifen, oder wenn bei Wahl des milderen Mittels die erfolgreiche Abwehr nicht sicher gewesen wäre, im Vergleich mit dem gewählten Mittel jedenfalls ein deutliches Risiko des Misslingens für den Verteidiger bedeutet hätte.

Es sind kategorische, von Unschärfen möglichst befreite Begriffe, um die man sich bemüht. Es ist aber immer auch der krasse Eingriffsschaden, der als Möglichkeit hinter der angestrebten Klarheit steckt: Sofort abwehren heißt auch, töten dürfen, wenn einiges (dem Täter auch mögliches) Schlagen und Ringen genügt hätten, um den Angreifer lebendig zu überwältigen, und getötet werden darf nach diesem Modell auch, wenn ein mögliches und gut durchführbares Überwältigen ohne Tötung dem Angreifer eine messbare Chance gelassen hätte, sich mit einem

97. Jescheck-Weigend, a.a.O.; Roxin, AT, § 15, VII, Rn. 44 ff., S. 570; Perron, Rechtfertigung, S. 99 ff.

vergleichsweise geringeren Schaden stiftenden Angriff (denn eine Güterabwägung findet ja nicht statt) seinerseits durchzusetzen[98].

Hier, beim Verschließen der Spielräume für den Einzelfall durch möglichst scharfe Begrifflichkeit und bei entsprechend weitgespanntem Notwehrrecht zeigt sich das generalpräventive Bestreben, dem Unrecht keine Chance zu lassen, ganz besonders deutlich; hier wird das Einschränkungsmodell daher, bei Verlust oder Minderung der generalpräventiven Rolle des Notwehrverteidigers, also vor allem im Provokationsfall, wichtige Restriktionen durchzuführen versuchen.

Nun weist aber ein Leitgedanke wie die Verteidigung der Rechtsordnung und der Generalprävention über den Einzelfall hinaus. Im Einzelfall aber können sich Gestaltungen zeigen, die Berücksichtigung finden möchten und an das allgemeine Rechtsgefühl appellieren, ohne dass die Provokation oder ein anderer Typus der sozialethischen Einschränkung sich aufdrängen würden. Solche Versuchungen zu extensiver Auslegung müssten dann eigentlich an der generalpräventiven Mauer des Notwehrrechts abprallen; durch Ausnutzen der schmalen Bewertungsansätze der Notwehrerforderlichkeit, einengender Behandlung der Trias Spontaneität, Effektivität und Risikofreiheit mag es aber gelingen, dem Einzelfall eine vordergründig gesehen überzeugendere Lösung zu geben.

Die andere Möglichkeit besteht darin, durch die Ausweitung einer der anerkannten Fallgruppen sozialer Einschränkung zu diesem gewünschten Ergebnis zu kommen, indem man an Spurenelemente der Provokation usw. im Sachverhalt anknüpft. Der Provokationsbegriff mit seinen Unschärfen kommt einem solchen Verfahren besonders entgegen. Beide Wege sind denn auch in der Rechtsprechung nachweisbar. Die ausdehnende Auslegung einiger allgemeiner Notwehrelemente, insbesondere der Erforderlichkeit, ist sogar der Weg gewesen, auf dem sich die Anerkennung der Provokation als eines Ausnahmetypus nach und nach erst etabliert hat[99].

---

98. Naheliegende Einschränkungsbemühungen betreffen vor allem den Tötungsfall und die Verteidigung mit lebensgefährlichen Waffen, vgl. SS/Lenckner-Perron, § 32, Rn. 37 ff.; Bernsmann, ZStW 104, 290 ff.

99. Vgl. etwa OLG Hamm Justizministerialblatt NRW 1961, 141; OLG Braunschweig NdsRpflg 1953, 166.

3. Flucht, Ausweichen und Ersuchen um fremde Hilfe

Nicht selten steht dem Täter die Möglichkeit offen, statt einer drastischen Abwehr, die den Angreifer schädigt, einfach die Flucht zu ergreifen oder den Angriff durch Mittel der Täuschung oder Ablenkung in eine andere, für ihn ungefährliche Richtung zu lenken. Der Hilferuf und die Inanspruchnahme anderer Personen mögen die Abwehr effizienter gestalten können, dadurch aber auch die Möglichkeit eröffnen, schonender mit dem Angreifer zu verfahren. Aus dem generalpräventiven Charakter der Notwehr folgert man, dass alle diese Schritte dem Täter nicht zugemutet werden[100], da hierin eine Kapitulation des Rechts vor dem Unrecht gesehen wird. Es war erst eine späte Entwicklung, als man im Rahmen der sozialethischen Einschränkungen des Notwehrrechts, und gerade auch bei der Provokation, das Ausweichen vor dem Angriff und die Inanspruchnahme fremder Hilfe als Schranke vor die Rechtfertigung stellte[101].

Für sich betrachtet lassen Flucht, Ausweichen und Inanspruchnahme fremder Hilfe den Angriff „anders abwendbar“ erscheinen, was ja der Verneinung der –synonymen– Erforderlichkeit entspricht. Die Erforderlichkeit einer gewählten Verteidigung müsste also bei Versäumen einer Fluchtmöglichkeit usw. abgelehnt werden. Eine Beschränkung des „Abwendens“ oder der „Abwehr“ im Sinne einer tatkräftigen aktiven Bezwingung des Gegners wäre ein doch wohl überspitzter Sprachgebrauch[102]. Man kann also sehr wohl davon ausgehen, dass der – von Ausnahmemeinungen abgesehen – allgemein anerkannte Grundsatz des Verzichts auf Flucht usw.[103] im buchstäblichen Text keine Stütze findet und demnach unmittelbar aus dem generalpräventiven Leitprinzip des Notwehrrechts hergeleitet ist[104].

100. Auf die Inanspruchnahme von Polizei, die ohne Aufwand und Risiko herangezogen werden kann, darf der Täter allerdings nicht verzichten, vgl. Roxin, AT, § 15, VII, Rn. 47 ff., S. 572 f.

101. Jescheck-Weigend, AT, § 32, III, S. 344.

102. So aber RG GA 46 (1898, 99), 31 f, zustimmend Jakobs, AT, 12/36, Fn. 67.; ähnlich auch Bitzilekis, Neue Tendenz, S. 78 f.

103. Vgl. Wessels-Beulke, AT, § 8, Rn. 39, S. 106 mit Nachweisen. – Zum Zusammenhang von Verzicht auf Flucht und Generalprävention überzeugend Bitzilekis, a.a.O., S. 77 ff. Allerdings folgert Bernsmann, ZStW 104, 290 ff., aus dem Rang des Rechtsguts Leben, dass die Flucht vor jeder vorsätzlichen Tötung als Konfliktlösung stehen müsse.

104. Allerdings stellen auch die Gegner der dualistischen Notwehrkonzeption die Nichtzumutung der Flucht usw. nicht in Frage, vgl. Jakobs, a.a.O.

4. Der Verteidigungswille

In der Praxis gibt es gelegentlich Fälle, in denen der Täter einen anderen verletzt, ohne zu merken, dass dieser selbst ihn angegriffen hat: Der Täter hat sich objektiv gesehen beschützt, aber er hatte keinen Verteidigungswillen. Es war und ist immer noch umstritten, ob ein solcher Verteidigungswille bei der Rechtfertigung vorausgesetzt ist. Heute wird dies ganz überwiegend angenommen[105], doch ist umstritten, ob die Abwehr voluntativ gesehen der Endzweck des Täters sein muss, ob mitwirkende Motive zulässig sind, oder ob es nur kognitiv um das Wissen der objektiven Rechtfertigungsmerkmale geht, wie eine im Vordringen befindliche, vielleicht schon herrschende Lehre behauptet[106].

5. Gebotenheit

In neuerer Zeit bemüht man sich um das Merkmal der „Gebotenheit" der Notwehr, § 32 I StGB, um Grenz- und Wertungsprobleme der Notwehr unterzubringen. Hier verankert man den Gedanken des Notwehrmissbrauchs bei extremer Güterdistanz (Abwehr eines Obstdiebes durch tödliche Schüsse); hier auch wird nach verbreiteter Meinung der Anknüpfungspunkt für die sozialethischen Einschränkungen bei Schuld- oder Vorsatzdefekten des Angreifers, bei sozialer Nähe zwischen Täter und Angreifer und vor allem eben auch bei der Provokation des Angriffs gesehen[107]. Nach anderer Auffassung handelt es sich um eine nichtssagende Leerformel[108], sodass also der Gesetzgeber, der in § 32 II StGB so verschwiegen ist, dagegen in § 32 I StGB zu redselig-formelhaft verfahren wäre. Das spricht eher gegen eine Funktionslosigkeit des „Gebotenseins"[109].

---

105. a. A. vor allem LK-Spendel, Rn 138 zu § 32, m.w.Nachw. aus seiner am objektiven Erfolg orientierten Unrechtskonzeption. Der Wortlaut des § 32 StGB spricht mit der „Um-Zu"-Formel eher für ein subjektives Zweckmoment, a.A. Roxin, AT, § 8, Rn. 97, S. 541.

106. Vgl. Roxin, AT, § 14, VIII, Rn. 96, S. 540 f., m. w. Nachw., der die letztere Auffassung vertritt.

107. Ausführlich Roxin, AT, § 15, VIII, Rn. 53., S. 575 f. Nach den Protokollen des Sonderausschusses für die Strafrechtsreform (BT-Drucks. V/4095, S. 14) hat der Gesetzgeber bei der Reform des Allgemeinen Teils die Gebotenheit beibehalten, gerade um der Lehre von den sozialethischen Einschränkungen Spielraum zu geben.

108. Vgl. zuletzt Erb, ZStW 108, 270; kritisch auch Bitzilekis, a.a.O., S. 95 ff. – Dass natürlich „Gebotenheit" nicht im Sinne von „Verpflichtung" zu verstehen ist, hebt NK-Paeffgen, Rn. 149 zu vor § 32 hervor.

109. Vgl. unten 5. Kap., IV.

III. Einschränkungsbemühungen bei Provokation in der älteren Rechtsprechung

Die ältere Rechtsprechung arbeitet die Provokation als selbständiges Thema noch nicht heraus, sondern greift einzelne Problemfälle auf, die sie mit wechselnden Rechtfertigungsmerkmalen verbindet. Fast jedes Merkmal des § 32 II StGB ist dabei verwendet worden.

1. Abgrenzungsprobleme zwischen Provokations-, Angriffs- und Verteidigungshandlungen, besonders bei Kampfaktionen

„Angriff" und „Provokation" lassen sich nicht immer leicht voneinander unterscheiden. Mitunter geht es um eine Frage des Schwerpunkts. Eine provozierende, den Partner herabsetzende Bemerkung kann nach Form und Inhalt selbst eine Beleidigung sein, auf die hin eine verteidigende Reaktion möglicherweise gerechtfertigt ist[110]. Das kann meist nur entschieden werden, wenn man die Rechtfertigungsmerkmale der „Gegenwärtigkeit" und der „Rechtswidrigkeit" des Angriffs mit heranzieht. Die provozierende Bemerkung, in den Gestus oder die Worte einer Beleidigung nach §§ 185 ff StGB gekleidet, ist „rechtswidriger" Angriff[111], der aber – meistens – mit der Bemerkung oder Geste auch abgeschlossen und daher nicht „gegenwärtig" ist. Dann allerdings ist keine Notwehrlage eröffnet; als Provokation würde sie aber im Notwehrzusammenhang Bedeutung gewinnen: Greift der Adressat der Bemerkung den Sprecher rechtswidrig an, ist nach heutiger Rechtsprechung die Notwehr des Provokanten eingeschränkt. Eine frühere Rechtsprechung, der diese Technik noch nicht zur Verfügung stand, konnte nur versuchen, die Provokation selbst zum gegenwärtigen Angriff zu machen, etwa weil eine Fortsetzung des beleidigenden Verhaltens unmittelbar bevorstehe. Gegen die dann ermöglichte maßvolle Abwehr gab es keine rechtmäßige Verteidigung.

Unklarheiten dieser Art zeigen sich besonders bei Prügeleien und Kampfaktionen. Eine saubere Trennung von Provokation und Angriff ist auch schwierig, wenn die Inanspruchnahme einer Notwehrrechtfertigung aus Kampfhandlungen der Kont-

110. Vgl. RGSt 21, 168; RGSt 29, 248; BGHSt 3, 217.

111. Schon Vorformen des strafbaren Ehrschutzdeliktes kommen als rechtswidriger Angriff in Betracht: Die Offenbarung einer wahren, ehrenrührigen Tatsache ohne erkennbaren Anlass ist nicht nach § 186 StGB strafbar; als rechtswidrige Verletzung des Persönlichkeitsrechts kommt sie aber für einen rechtswidrigen Angriff in Betracht, vgl. SS/Lenckner, Rn. 6 zu § 185; Roxin, ZStW 75, 571 f.

rahenten erwachsen ist, zu denen die Initiative vom Täter, vom Angreifer oder von beiden gleichzeitig ausgegangen sein kann. Auf den ersten Blick mag der Geschädigte als Tatopfer, der Täter als gerechtfertigt erscheinen. Dann ist zu untersuchen, ob die vom Geschädigten beigetragene Kampfaktion als gegenwärtiger und rechtswidriger Angriff festzuhalten ist, gegen welchen sich der Täter gerechtfertigt verteidigt hat. Ist das nicht der Fall, liegt die Frage nach einer Provokation und ihren Folgen nahe, doch wird eine Kampfhandlung als Provokation in der älteren Rechtsprechung noch nicht erörtert.

Die ältere Rechtsprechung bietet aber mehrere Entscheidungen zu Kampfhandlungen, in denen eine Rollenverteilung von Angriff und Verteidigung nicht anerkannt wird. Nun wird aber in manchem dieser Sachverhalte eine Initiative und Veranlassung zum Kampf bei der einen Partei deutlich: „Komm! Wir machen einen Gang," sagt der später getötete B zum Täter A, und erst nach wiederholter massiver Herausforderung kommt es zum Angriff des A; schon mit dem ersten Fausthieb an die Schläfe verletzt A den B tödlich[112]. Der BGH hat die ständigen beleidigenden Herausforderungen des B, die auch noch nicht abgeschlossen waren, ihrerseits nicht als gegenwärtigen rechtswidrigen Angriff betrachtet, gegen den sich A durch den Fausthieb verteidigt haben könnte, was an sich nicht fern lag. Der BGH lässt die Fragen einer möglichen Notwehrrechtfertigung hinter Einwilligungsproblemen zurücktreten. Eine Notwehr bei A scheidet dann aus, da er im konkreten Kampfgeschehen selbst den ersten Akt setzte. Stellt man sich den umgekehrten Ausgang, den Tod des A bei einem tödlichen Faustschlag des B vor, läge die Thematik der Notwehreinschränkung nach der neuen Rechtsprechung nahe: B wäre in einer provozierten Notwehrlage gewesen, hätte sich aber nur eingeschränkt verteidigen dürfen. Im alten Rechtsprechungsstil wäre diese Konstellation noch gar nicht zu erfassen gewesen.

Eine Auffangfunktion gewinnt die Vorschrift der Beteiligung an einer Schlägerei (Raufhandeln); sie ist ihrerseits bereits tatbestandsmäßig nach § 231 StGB (§ 227 a. F.). Schon eine ganz frühe Entscheidung (RGSt 3, 236) erfasst bei einer Gruppenschlägerei mit tödlichem Ausgang die – unklare – Provokationsfrage unter diesem Aspekt und stellt die Strafbarkeit sicher, nachdem die Rechtfertigung und die Zurechnung der tödlichen Schläge nicht geklärt werden konnte[113].

In späteren Entscheidungen bedient sich das Reichsgericht zur Restriktion bei Kampfhandlungen der Lehre vom Verteidigungswillen. Der Täter habe keinen Abwehrwillen gehabt, sondern die Tat sei dem „Angriffswillen und dem Ehrgeiz,

112. BGHSt 4, 88.

113. Ähnlich BGH GA 1960, 213; vgl. auch BGH JR 1984, 205.

den Sieg davonzutragen, entsprungen", heißt es in RGSt 66, 244 (246). In der späten Entscheidung RGSt 73, 341[114] wird gesagt, Abwehrhandlungen in der Kampfphase seien nur „Teile der auf die Überwindung des Gegners" gerichteten Gesamttätigkeit, nicht Notwehrhandlungen[115].

Im ganzen wird deutlich, dass die Rechtsprechung zögert, das prinzipiengeprägte Notwehrrecht auf Prügel- und Raufszenen zu verschwenden, und sich bemüht, der Notwehrthematik überhaupt auszuweichen. Stattdessen sucht sie nach anderen Lösungen. Freilich werden die Notwehrprinzipien mehr gespürt als formuliert. In neuerer Zeit, nach dem die Einschränkungslösung sich durchgesetzt hätte, werden auch wechselseitige Kampfaktionen dem Modell unterworfen[116]. Da nun der Aspekt der Rechtsbewährung ausgeblendet werden kann und die Verteidigung auf ein Rumpfnotwehrrecht zurückgeführt ist, braucht ein Ansehensverlust der Rechtsbewährungsnorm nicht befürchtet zu werden.

2. *Vorstufen der Einschränkungslösung*

Es wurde im Zusammenhang des notwehrfähigen Rechtsguts schon auf den „Liebespaar"-Fall (Bay ObLG NJW 1962, 1782) hingewiesen[117]:

Der Angeklagte hatte nachts in einem öffentlichen Park ein Liebespärchen belauscht und war vom Liebhaber entdeckt und tätlich angegriffen worden. Er hatte sich mit einem Messerstich zur Wehr gesetzt. Das BayObLG hatte freigesprochen.

Roxin versteht das heimliche Belauschen als Provokation durch sozial missbilligtes Verhalten und folgert daraus, der Lauscher sei zwar von dem belauschten Liebhaber rechtswidrig angriffen worden, doch habe der Lauscher durch sein Verhalten das Pärchen provoziert; er habe daher die Flucht ergreifen oder dem Angriff ausweichen müssen. Jedenfalls habe er sich nicht mit dem Messer verteidigen dürfen. In der Kritik am oberlandesgerichtlichen Freispruch wird vorgetra-

114. Nach der Okkupation Österreichs auf der Grundlage des öStG ergangen, was hier aber keinen sachlichen Unterschied bedeutet.
115. Vgl. auch oben 1. Kap., Abschnitt III, 1.
116. Ausführlich zum Notwehraspekt bei beiderseits streitlustigen Kontrahenten OLG Hamm Justizministerialblatt NRW 1961, 141 f.; dort werden die tragenden Überlegungen zur Notwehreinschränkung allerdings noch unter dem Aspekt der Erforderlichkeit abgehandelt; ähnlich OLG Braunschweig, NdsRpflg 1953, 166.
117. Vgl. oben bei Fn. 79.

gen[118], das Belauschen sei selbst schon ein rechtswidriger Angriff auf die Intimsphäre gewiesen, die zur gerechtfertigten Abwehr ermächtigt habe. Das führt zwar zum wohl richtigen Ergebnis, dem Lauscher die Notwehr zu verweigern, wird aber der Situation nicht gerecht: Will man tatsächlich mit Erdsiek die Intimsphäre des Pärchens im öffentlichen Park als Rechtsgut und Tatobjekt eines Angriffs anerkennen[119], so war dieser Angriff mit und nach der Entdeckung abgeschlossen und nicht mehr notwehrfähig. Die Lösung von Erdsiek ist also ebenso wenig überzeugend wie der Freispruch durch das Bay ObLG. Dagegen bietet die Lösung von Roxin die überzeugende Wertung der Situation; sie konnte nach und nach auch die Rechtsprechung für sich gewinnen. Sie ist als Fallgruppe der sozialethischen Einschränkungen auch die h.M. in der Literatur geworden („Einschränkungslösung")[120].

Man darf annehmen, dass das Einschränkungsmodell ganz wesentlich der Kritik an dem weitgehend als Fehlentscheidung beurteilten „Baracken"–Fall[121] zu verdanken ist. Der Bundesgerichtshof hat der Sache nach die Provokationsfrage in den Vordergrund gestellt, freilich ohne sie beim Namen zu nennen und zu analysieren:

Der Angekl. und der später getötete B waren Bewohner eines Barackenlagers, das B durch seine alkoholischen und gewalttätigen Exzesse immer wieder tyrannisiert hatte. Nach einem von B verursachtem Streit lauerte B dem A vor seiner Wohnungstür auf, um ihn weiter zu drangsalieren. Der Angekl. hatte sich inzwischen ein Beil besorgt. Als B den Angekl. hindern wollte, in seine Wohnung zu gehen, fügte ihm der Angekl. eine tödliche Verletzung mit dem Beil zu.

Der BGH hat die Rechtfertigung verweigert. Es sei dem Angekl. zuzumuten gewesen, noch einige Zeit mit dem Betreten der Wohnung zu warten und dem Angriff des B damit zu entgehen. Das ist allerdings, auch unter den an sich begrüßenswerten Vorzeichen des neuen Modells, nicht überzeugend. Der vorhergehende Streit, an dem der Angekl. unschuldig war, kommt als Provokation nicht in Betracht, und so ist es offensichtlich das bloße Erscheinen am Tatort und das Auf-

---

118. Vgl. Erdsiek, NJW 1962, 2240 f. Nach Roxin (ZStW 75, 570.) ist das Belauschen eine Provokation aus sozial missbilligtem Vorverhalten, aus welcher er zutreffend das Ergebnis gewinnt.

119. So Erdsiek , vgl. oben Fn. 79.

120. Grundlegend Roxin, ZStW 75, 556 ff.; vgl. Jescheck-Weigend, AT, § 32, III, 3, S. 344.; Roxin, AT, § 15, VIII, Rn. 60, S. 579 ff.; Wessels-Beulke, AT, 28. Aufl., S. 101 f., Rn. 346 ff.; Kühl, AT, 3. Aufl., S. 221 ff.; Gropp, AT, 2. Aufl., S. 194 ff.; Jakobs, AT, 2. Aufl., 12. Abschnitt Rn. 49, S. 403; SS/Lenckner-Perron, § 32, Rn. 54 ff.; LK-Spendel, § 32, Rn. 281 ff.; NK-Herzog, § 32, Rn. 113 ff.; Lackner/Kühl, § 32, Rn. 13 ff.; Tröndle/Fischer, § 32, Rn. 23 f.

121. BGH NJW 1962, 308.

suchen der eigenen Wohnung, das vom Gericht als Provokation verstanden und mit der Einschränkungsfolge des Ausweichgebots sanktioniert wird. Eine rechtmäßige Handlung wie hier die Inanspruchnahme des Hausrechts kann aber nicht mit dem Unwertprädikat der Provokation bezeichnet werden.

Der BGH hat seine Rechtsprechung geändert und dabei freilich neue Probleme geschaffen:

Im Fall BGH JR 1984, 205 hatte der Angekl. S in einer Gastwirtschaft seinen Freund, den Mitangekl. Sch., vor den Tätlichkeiten der später getöteten E und I beschützen wollen und war von diesen „ohne rechtfertigenden Grund niedergeschlagen worden". Die herbeigerufene Polizei schickte die Angekl. S und Sch. wegen ihrer Alkoholisierung nach Hause; sie könnten ja am nächsten Tag Anzeige erstatten. Aus Zorn über die Niederlage entschlossen sich die beiden, in die Wirtschaft zurückzukehren, nachdem sich S in seiner Wohnung mit einem geladenen Revolver versehen hatte. Als sie eine Stunde später den E und den I in der Wirtschaft aufsuchten und der Angekl. S die beiden energisch, nicht provozierend, ansprach, gingen diese wieder zu Tätlichkeiten über und warfen S zu Boden. Ihm drohten weitere Verletzungen, denen er durch tödliche Revolverschüsse auf E und I zuvorkam.

Der BGH nimmt ein uneingeschränktes Notwehrrecht des S an; eine Provokation wird verneint, da S und Sch. das Recht gehabt hätten, die Wirtschaft zu betreten. Dies sei freilich mit dem Willen geschehen, die frühere Niederlage auszugleichen. Das sei aber nur ein mitwirkendes Motiv neben dem die unmittelbare Verteidigung beherrschenden Abwehrmotiv gewesen. Da ihm auch eine Provokation nicht zur Last falle, sei S nicht verpflichtet gewesen, dem erwarteten Angriff von E und I auszuweichen.

Dies ist nun freilich der Lösung im „Baracken"- Fall diametral entgegengesetzt. Der Täter im „Baracken"- Fall hatte ein äußerst einsehbares Motiv, sich an den Tatort zurückzubegeben; er wollte schließlich in die eigene Wohnung (mag auch der Wille, dem tyrannischen Gegner seine Grenzen zu zeigen, feststellbar gewesen sein). Im anderen Fall ging es bei der Rückkehr in das Wirtshaus nur um die Wiederaufnahme des Streites, der bei der Mitnahme der Schusswaffe als lebensgefährlich vorausgesehen war, auch wenn man die Initiative der anderen Partei überließ. Hier aber war das bloße Erscheinen am Tatort an sich ausreichender Provokationsstoff, was der BGH aber nicht anerkennt[122].

122.Lenckner, JR 1984, 206 ff. hat daher hier einen vorzüglichen Beispielsfall für die von ihm vertretene Forderung, dass jedenfalls bei tödlichen Abwehrformen die Einschränkungslösung durch eine Zurechnung nach Maßstäben der a.i.i.c. zu ergänzen sei. Bei der hier vorliegenden

IV. Die Einschränkungslösung der neueren BGH-Rechtsprechung

Die Rechtsprechung des BGH gewinnt aber spätestens im sog. „Amateurboxer"-Fall (BGHSt 26, 256) an Überzeugungskraft und begrifflicher Schärfe:

> Der Angekl. gab bei einem Spaziergang mit seiner Freundin dieser eine Ohrfeige, die bei einem anderen Spaziergänger Anstoß erregte. Er forderte den Angekl. auf, das Mädchen in Ruhe zu lassen. Der Angekl. widersprach, das gehe ihn nichts an; auch das Mädchen hatte sich mit seinem Freund wieder vertragen. Der Spaziergänger machte weitere Vorhaltungen und wurde tätlich. Die folgende Auseinandersetzung wurde durch die Hartnäckigkeit des Spaziergängers bestimmt, die der Angekl. immer wieder zurückhaltend abwehrte, um sich nach immer neuen Angriffen mit einem Fausthieb, der bei ihm, einem Amateurboxer, kräftig ausfiel, endgültig des Angreifers zu entledigen. Der Hieb wirkte ungewollt tödlich.

Nach dem BGH ist die Ohrfeige als Provokation zu werten. Die Tätlichkeit des Spaziergängers gegenüber dem Angekl. stellt sich daher als rechtswidriger, insbesondere durch Notwehr nicht mehr gerechtfertigter Angriff dar, der den Angekl. seinerseits in eine Notwehrlage versetzte[123]. Wegen seiner Anstoß erregenden, daher provozierenden Ohrfeige war der Angekl. in seinem Notwehrrecht beschränkt und nach Ansicht des BGH verpflichtet, dem Angriff auszuweichen und sich mit defensiver Abwehr zu begnügen. Dieser Pflicht ist er auch während langer Phasen des Geschehens nachgekommen. So liefert der Fall partiell ein Beispiel für das pflichtmäßige Verhalten, das vom Täter erwartet wird, wenn ihm eine Provokation unterlaufen ist. Die „Amateurboxer"-Entscheidung spricht schließlich aus, dass bei andauerndem und wiederholtem rechtswidrigen Angriff das Notwehrrecht voll wiederhergestellt wird. Auch dies ist herrschende Lehre geworden[124].

Abwehrplanung vor der entstehenden Rechtfertigungslage ist eine vorsätzliche a.i.i.c., wenn man sie denn zulassen will (vgl. unten 3. Kap.), durchaus plausibel.

123. Die Ohrfeige ist gewiss auch ein Angriff auf das Mädchen; eine Nothilfe ist aber mit Recht nicht angenommen worden, weil das Mädchen die Hilfe nicht wünschte (zur aufgedrängten Nothilfe vgl. SS/Lenckner-Perron, Rn. 25/26 zu § 32) und der Angriff auch abgeschlossen war.

124. Ganz ähnlich entscheidet der BGH im „Finnendolch"-Fall, BGHSt 24, 326; hier freilich manifestierte sich der rechtswidrige Angriff sogar in einem lebensgefährlichen Akt. Ähnlich die Rechtfertigungssituation in dem komplexen Fall BGH JZ 2001, 664 f.; Anm. Roxin, dazu Engländer, Jura 2001, 534 ff.

Besondere Fragen wirft der „Schulpausen"– Fall (BGH JR 1980, 210) auf, der im Zusammenhang der Provokation genannt wird, obwohl eine Provokation fragwürdig ist:

> Der Angeklagte A und der später getötete B waren 17-jährige Schüler einer Berufsschulklasse. A spielte dort die Rolle des „Prügelknaben". Bei den ständig wiederholten Angriffen mit massiven Tätlichkeiten war B immer der Anführer. Als A in der Schulpause wieder einmal geprügelt wurde und B auf ihn einschlug, machte er schließlich von einem Dolchmesser Gebrauch, das er schon längere Zeit bei sich geführt hatte, und stach dem B mit tödlicher Folge in den Leib.
> Ob bei den letztlich tödlichen Auseinandersetzungen Aufsichtspersonen erreichbar waren, geht aus dem Sachverhalt nicht hervor und ist eher unwahrscheinlich. Die umherstehenden Mitschüler waren auf Seiten des später Getöteten.

Die Vorinstanz hatte einen Notwehrexzess angenommen und den Angeklagten verurteilt. Er habe die Situation durch Hinhalten und Abwiegeln vor der tödlichen Zuspitzung bewahren müssen; das Messer hätte er zu Hause lassen müssen, als die Situation sich mehr und mehr zuspitzte.

Der BGH meint, der tödliche Stich sei durch Drohungen und mit dem Messer oder Stechen in eine weniger gefährliche Körperstelle vermeidbar gewesen, und nimmt eine Überschreitung der Erforderlichkeit im asthenischen Affekt an, sodass er nach § 33 StGB zum Freispruch gelangt. Die Notwehrlage wird aber anerkannt und insbesondere festgehalten, dass keine der Ausnahmen vorliege, die eine Notwehreinschränkung nach sich ziehen. Das ist in der Literatur beanstandet worden[125]. Nach den Maßstäben, die der BGH zur sozialethischen Einschränkung entwickelt hat, ist die Entscheidung jedoch folgerichtig. Die Beziehungen der Insassen einer zerstrittenen Berufsschulklasse dürften keine interne Nähebeziehung auslösen, jedenfalls nicht unter Einbeziehung desjenigen, der das Opfer einer bedrückenden Gruppenbildung war. Vor allem aber geht es nicht an, die Unterlassung, das Messer zu Hause fortzulegen, als die Situation in der Klasse sich zuspitzte, als Provokation zu betrachten[126]. Dass der Junge die Lehrer und Aufsichtspersonen nach Möglichkeit zu Hilfe holen musste[127], ist mit Roxin an sich anzunehmen. Darin liegt nämlich nicht eine Flucht oder gar, wie der BGH formu-

125. Vor allem Arzt, JR 1980, 211; vgl. auch Roxin, AT, § 15, Rn. 48. Zustimmend aber SS/Lenckner-Perron, § 32, Rn. 36.

126. So aber die Meinung der Vorinstanz; ebenso Arzt, JR 1980, 211. Vgl. auch oben 1. Kap., Text bei Fn. 50; im übrigen verlangt der Begriff der Provokation auch, dass der Adressat sie überhaupt wahrgenommen hat, oben 1. Kap., Text bei Fn. 64.

127. Eine Flucht oder andere Ausweichmöglichkeiten standen dem Angeklagten ohnehin nicht zur Verfügung.

liert, ein „unzumutbares Kneifen“, sondern einfach ein Ausnutzen der nach der Schulorganisation vorgesehenen Hilfsmöglichkeiten. Ob bei der aktuellen tödlichen Auseinandersetzung jedoch dazu überhaupt eine Möglichkeit bestand, ist nach dem Sachverhalt eher unwahrscheinlich und kommt daher für die Lösung des Falles nicht in Betracht. Eine Pflicht, Lehrer und Schulbehörde vorher und außerhalb des aktuellen Streits auf die Gefahr der eskalierenden Situation aufmerksam zu machen, mag man ableiten, doch lässt sich ein solches denkbares Vorverschulden durch Unterlassen nicht in die Pflichtlage bei der aktuellen Auswahl des Mittels unmittelbar bei Ausbruch des Streits einbeziehen. Die Provokation ist nach bisher entwickelten Grundsätzen von Rechtsprechung und h.L. der einzige Ansatzpunkt der Berücksichtigung des Vorverhaltens; und dahinein passen die Versäumnisse des Berufsschülers nicht[128].

Der Fall bietet für sich gesehen keine Möglichkeiten, dem Angeklagten nur eine eingeschränkte Notwehr zuzubilligen. In diesem entscheidenden Punkt ist dem BGH zuzustimmen. In der Kritik daran mag man sogar die nicht unbedenkliche Tendenz sehen, bei „unbehaglichen“ Fällen die Ausweichmöglichkeiten des Einschränkungsmodells zu nutzen, die Bedingungen einer solchen Einschränkung aber weniger strikt zu nehmen.

Die Brauchbarkeit des vom BGH entwickelten Instrumentariums zeigt sich aber im „Turnschuh“-Fall (BGH NStZ 1991, 32):

> Der Angeklagte A hatte einem Autofahrer, dem später getöteten B, mit dem Turnschuh leicht an die Karosserie des Wagens getreten. B war ausgestiegen und mit drohendem Gebrüll und mit drohenden Gesten hinter dem fliehenden A hergelaufen. A erkannte, dass B ihn bald einholen und verprügeln werde, ergriff seine doppelläufige Pistole und feuerte einen Schreckschuss auf B ab, durch den B sich aber nicht vertreiben ließ. Die letzte ihm noch verbleibende Kugel feuerte A auf den Oberkörper des B ab, dessen Tod er in Kauf nahm.

Der BGH sieht in der Berührung des Autos mit dem Turnschuh eine Provokation, die den A verpflichte, dem Angriff des B auszuweichen und sich möglichst schonend, auch unter Übernahme von Risiken, zu verteidigen. Diese Obliegenheiten habe A aber mit seiner Flucht, und als diese aussichtslos wurde, mit seinem Schreckschuss auch erfüllt. Den letzten ihm noch möglichen Schuss habe er nach dem fortdauernden Angriff nun endgültig wirksam gestalten dürfen. Der BGH nimmt Rechtfertigung an.

---

128. Bei Roxin, a.a.O., wird nicht deutlich, ob er beim unterlassenen Hilfsersuchen die aktuelle Lage oder frühere versäumte Möglichkeiten meint.

Anders entscheidet er im „Eisenbahnabteil"- Fall (BGHSt 42, 97):

> Der Angeklagte A fuhr mit einem Eilzug 1. Klasse von der Arbeit nach Hause. In seinem Abteil befand sich außer ihm nur der später getötete J, der durch Alkohol leicht berauscht war. Der Angekl. A öffnete, um J durch kalte Luft zu vertreiben, zweimal das Fenster, das jeweils sogleich wieder von dem nur leicht bekleideten J geschlossen wurde. Es kam zu einem Wortstreit. Nachdem A das Fenster zum dritten Mal geöffnet hatte, drohte J ihm mit erhobener Faust Schläge an. A zog aus der Tasche ein Fahrtenmesser heraus, so dass die Klinge sichtbar wurde. Er wollte J zeigen, dass ihm ein Messer zur Verteidigung gegen Tätlichkeiten zur Verfügung stehe. Als A das Fenster erneut öffnete, sprang J auf, ging auf den A zu und fasste mit beiden Händen in dessen Gesicht. A hatte den Eindruck, J wolle ihm „an den Hals gehen". Er hatte keine Zeit mehr zum Aufstehen, zog das Fahrtenmesser und stach dem über ihn gebeugten J in den Oberbauch. J verstarb am Abend desselben Tages an den Folgen des Stiches.

Man kann sich fragen, was im „Turnschuh"- Fall, der zum Freispruch führte und im „Eisenbahn"- Fall, der zur Verurteilung führte, den Unterschied ausmacht. Der Angriff des Angetrunkenen war nicht weniger ernst zu nehmen als im „Turnschuh"- Fall; er war mit dem Griff in das Gesicht als Vorbereitung eines Würgegriffs sogar in ein viel gefährlicheres Stadium eingetreten. Trotzdem verlangt der BGH weitere hinhaltende Abwehr vor dem tödlichen Messerstich. Die Inanspruchnahme fremder Hilfe mag erwägenswert sein, da Leute vor dem Abteil standen (einer half schließlich auch, als es zu spät war). Diese Hilfe war aber nicht sicher. So scheint die Entscheidung die im „Amateurboxer"-Fall erreichte Position wieder zurückzunehmen, dass das eingeschränkte Notwehrrecht wieder voll auflebt, wenn der Angreifer hartnäckig verfährt und sich nicht abschrecken lässt. Allerdings erfolgte der Angriff des Betrunkenen unvermittelt und in voller Stärke. Im „Amateurboxer"- Fall, auch im „Turnschuh"- Fall gab es einen Zeitraum für hinhaltende Verteidigung. Hier hatte der Täter immerhin vor der Verteidigung die Flucht ergriffen[129]. Es wird aber nicht wirklich einsehbar, dass darin der Unterschied liegen soll. Dem Angekl. wurde ein größeres Risiko, darüber hinaus die Hinnahme einer erheblichen Misshandlung zugemutet. Sollte vielleicht die massive Provokation des Täters mit dem Fensteröffnen dieses vergrößerte Risiko bei der Abwehr nach sich gezogen haben? Die „Provokation" mit dem Turnschuh war dagegen im Vergleich kaum nennenswert. Das wiederholte Öffnen des Fensters hatte dagegen ein deutlich missachtendes, beleidigendes Gepräge. Der BGH hat bisher aber keine Maßstäbe entwickelt, dass das Ausmaß der Provokation das Ausmaß des Risikos bei der Abwehr steigert. Über einen solchen Ansatz wird

129. Ebenso in „Finnendolch"-Fall (BGHSt 24, 356).

nachzudenken sein[130]. Die BGH Entscheidung im „Eisenbahn"- Fall nimmt zu dieser Frage nicht deutlich genug Stellung. Im Ergebnis mag sie zutreffen; in der Begründung überzeugt sie nicht.

V. Die dogmatische Begründung der Einschränkungslösung

Zunächst hatte der BGH die wichtigsten Elemente der Einschränkungslösung, das Fluchterfordernis und die Risikoveränderung, ohne nähere dogmatische Legitimation entwickelt. In neueren Entscheidungen gewinnt die Rechtsprechung den Anschluss an die Literatur und beruft sich auf die zweidimensionale Notwehrbetrachtung des Individualschutzes und der Verteidigung der Rechtsordnung[131]. Wer sich selbst im Vorfeld der Notwehr fehlerhaft benommen und den Angriff provoziert hat, ist als Repräsentant und Verteidiger der Rechtsordnung in Frage gestellt. Der Gedanke der Individualschutzes bleibt übrig: Zwar kann der Provokateur nicht schutzlos gestellt werden (er wird nicht „vogelfrei")[132], doch ist der Rechtsgedanke erloschen, der dem Notwehrrecht seine scharfe, den Proportionalitätsgedanken überwindende Durchschlagskraft gab. Beim völligen Verlust der Repräsentantenstellung wäre es vom Ergebnis her betrachtet vielleicht keine schlechte Rechtsfolgelösung, wenn nun eine Güter- und Interessenabwägung darüber entschiede, wieweit der Angreifer in seiner Verteidigung gehen darf, den Angreifer also schädigen darf und welches Maß des Schadens er selbst ertragen muss. Diese Lösung allerdings wäre ohne gesetzliche Änderung im Text des § 32 StGB nicht zulässig; die Grenzen einer Einschränkung des Wortlauts nach dem Sinngehalt der Vorschrift wären eindeutig überschritten.

So kommt es, dass die drei wichtigsten Fallgruppen der sozialethischen Einschränkung des Notwehrrechts dasselbe Schema der Rechtsfolge zugeordnet bekommen:

a. Flucht bzw. Ausweichen vor dem Angriff im Rahmen des Möglichen. (Schutzwehr geht vor Trutzwehr).

b. Das Risiko einer hinhaltenden Verteidigung oder eines geringeren Abwehrmittels ist teilweise vom Täter zu übernehmen.

c. Leichtere Verletzungen muss der Täter hinnehmen.

---

130. Unten 5. Kap., III, 2.

131. BGH NJW 1983, 2267; BGH NStZ 1988, 451; kritisch Koch, ZStW 104, 785 ff.

132. Bockelmann, in Honig-FS, 1970, S. 19, 22 ff.

Dieses Lösungsschema begünstigt den Angreifer und überzeugt, wenn dieser schutzbedürftig ist wie der kranke, der irrende oder der seiner Sinne nicht mächtige Kontrahent: Die Rechtsordnung bedarf der Symbolik ihrer Verteidigung nicht; der Schutz des Täters kann hinter leichten Risiken und Einbußen zurückstehen. Sind Täter und Angreifer durch Pflichten der Rücksichtnahme miteinander verbunden, braucht die Rechtsordnung keine Garantie nach außen hin; eine Solidarität in Gefahr und Schaden wird plausibel[133].

Bei der Provokation ist dies alles viel weniger einsichtig. Angreifer und Verteidiger verbindet nichts. Die Provokation entledigt den Angreifer nicht der Pflicht, seine Reaktionen abzuwägen. Dagegen ist die Fallgruppe der Provokation durch ein Merkmal ausgezeichnet, das den beiden anderen fehlt: Eine spezifische interaktionelle Beziehung. Provokation und Angriff lassen sich in ein quantitatives Verhältnis bringen. Individueller Schutzbedarf und Geltungsanspruch der Rechtsnorm sind nicht bei der Provokation einfach ausgelöscht, sondern beide mindern sich nach dem Maße des provozierenden Gehalts. Die Defektlage des Angreifers (Irrtum, Geisteskrankheit), die nahe Beziehung (Ehegattenverhältnis, Eltern-Kind Beziehung usw.) ist nur entweder gegeben oder nicht gegeben. Die Provokation dagegen ist graduierbar im Hinblick auf die Absehbarkeit des Angriffs und das Ausmaß der Verteidigung. Das Entweder/Oder-Schema erweist sich bei der Provokation als unangemessen starr. Vergleicht man das Ergebnis der „Eisenbahn"-Entscheidung und der „Turnschuh"-Entscheidung, wird es deutlich, dass die ideale Lösung des Provokationsfalls noch nicht gefunden ist.

133. Jakobs, AT, 12/46, S. 400 ff.

3. Kapitel:
Die Zurechnungslehre als Korrekturmittel bei Notwehrprovokation (insbesondere: die actio illicita in causa)

I. Darstellung

Als die Lehre von der actio illicita in causa (künftig; a.i.i.c.) für die Behandlung der provozierten Notwehrlage entwickelt wurde[134], hat das erhebliche Resonanz in der Literatur gefunden[135]; die Rechtsprechung hat die Lösung bisher abgelehnt[136].

Auch diese Lösung setzt voraus, dass die Verteidigung des Provokanten gegen den rechtswidrigen gegenwärtigen Angriff in den Maßstäben der Erforderlichkeit und mit Verteidigungswillen geführt wurde und unter diesem Aspekt Rechtsmäßigkeit beanspruchen kann. Im Gegensatz zur Einschränkungslösung, die das Rechtfertigungsurteil nur vorläufig ausspricht, um es im Falle der Provokation strengeren Bedingungen (Ausweichpflicht usw.) zu unterwerfen, wird der Provokationsakt zunächst aus der Rechtfertigungsprüfung ausgeblendet und das Verteidigungsverhalten als rechtmäßig definitiv anerkannt. Statt der internen Korrektur durch ein zweites strengeres Werturteil über die Rechtfertigung unternehmen Baumann und seine Anhänger eine externe Korrektur: Der Erfolg der tatbestandsmäßigen gerechtfertigten Eingriffshandlung wird in Zusammenhang mit der Provokationshandlung gebracht, die zur rechtswidrigen Handlung eines Erfolgsdelikts wird, wenn die Regeln der objektiven und subjektiven Zurechnung dies erlauben.

134.Baumann, MDR 1962, 349 f.; ders., AT, 8. Aufl., § 21, I, 3 b, S. 304 ff.; kritisch besonders Roxin, ZStW 75, 545 ff.; gegen die a.i.i.c. Baumann-Weber, AT, 9. Aufl., § 21, I, 3 b, II 1 b; in der neuen Bearbeitung von Mitsch ist die Behandlung der a.i.i.c. auf das Stichwortregister reduziert worden (S. 137). Im übrigen beschränkt sich die Erörterung der Provokation auf eine kurze Behandlung der Absichtsprovokation, die mit einigen Worten abgelehnt wird (Baumann-Weber-Mitsch, 10. Aufl., § 17, Rn. 37). Ausführlich gegen die a.i.i.c. Constadinidis, Die „Actio illicita in causa", S. 46 ff., 131 f.

135.Vgl. Bertel, ZStW 84, 1 ff.; Schmidhäuser, AT, S. 357 ff.; in dieser Richtung aber schon Lenckner, GA 1961, 299 ff.

136.Besonders deutlich BGH NJW 1983, 262; BGH NStZ 1988, 451; BGH JZ 2001, 664, lehnt die a.i.i.c. ausdrücklich ab, geht aber inhaltlich einen Schritt in dieser Richtung; vgl. Mitsch, JuS 2001, 751.

Die Lehre von a.i.i.c. ist nicht nur in der Benennung, sondern auch in der Struktur der Vorverlagerung des tragenden Zurechnungsmoments der actio libera in causa (a.l.i.c.) nachgebildet[137]. Sie ist aber schwerer konstruierbar, da im Geschehensverlauf ein rechtswidriges und ein rechtsmäßiges Ablaufmoment in ein Spannungsverhältnis treten, was in dieser Figur allerdings nicht zum Ausdruck gebracht, sondern gerade unterdrückt wird. Bei der a.l.i.c. stehen die rechtswidrigkeitsbegründende Vorhandlung und der entschuldigende Ablaufanteil auf verschiedenen systematischen Ebenen[138]; bei der a.i.i.c. wird auf derselben Ebene die Rechtfertigung einmal indiziert (durch die Tatbestandserfüllung), dann aufgehoben (durch die Erfüllung des Rechtfertigungstatbestandes), dann wieder neu begründet, indem das gerechtfertigte Geschehen in den größeren Zusammenhang eines im Gesamtgeschehen eben doch als Unrecht zurechenbaren Verhaltensverlaufes gestellt wird.

Das Provokationsverhalten rückt damit ins Zentrum der Betrachtung. Die Bedingungen der objektiven Zurechnung müssen erfüllt sein. Das Provokationsverhalten muss demnach äquivalent-kausal für den tatbestandsmäßigen Erfolg sein; außerdem muss ein Adäquanzzusammenhang bestehen, d.h. der Geschehensablauf darf nicht außerhalb aller Lebenswahrscheinlichkeit liegen. Nach überwiegender und richtiger Auffassung muss dieser Wahrscheinlichkeitszusammenhang auch die wesentlichen Zwischenglieder zwischen Handlung und Erfolg umfassen[139], hier insbesondere die Wahrscheinlichkeit von Angriff und Verteidigung. Subjektiv gesehen soll, trotz der Rechtfertigung des unmittelbaren Verletzungsaktes, ein vorsätzliches Verletzungsdelikt, z.B. § 212 StGB oder § 223 StGB, gegeben sein, wenn der Täter den Ablauf gewollt oder billigend in Kauf genommen hat; ein fahrlässiges Verletzungsdelikt soll, unter der Voraussetzung der Existenz eines Fahrlässigkeitstatbestandes, gegeben sein, wenn der Täter den Ablauf für möglich hielt, aber auf sein Ausbleiben, etwa das Unterbleiben des gegnerischen Angriffs, vertraute (bewusste Fahrlässigkeit), oder wenn er an Angriffsabwehr und tatbestandsmäßige Folge zur Zeit der Provokation noch nicht dachte, sie aber voraussehen konnte (unbewusste Fahrlässigkeit)[140].

---

137. Vgl. Constadinidis, a.a.O., S. 9. Nach Maurach, AT, 4. Aufl., S. 440, greift die a.l.i.c. beim Zurechnungsdefekt jeder systematischen Ebene ein, sodass die Figur der a.i.i.c. an sich überflüssig würde. Maurach, (a.a.O., S. 312) lehnt jedoch die a.i.i.c. bei den Notwehrprovokationen grundsätzlich im Anschluss an Bockelmann, in Honig-FS, S. 27, ab, räumt dafür aber der a.l.i.c. einen Einfluss bei der Absichtsprovokation ein.

138. Vgl. Jescheck-Weigend, AT, § 40, VI, S. 445 ff.

139. Vgl. Jescheck-Weigend, AT, § 28, IV, S. 287; § 55, II, 3, S. 586 f.

140. Vgl. Schmidhäuser, AT, 9/110, S. 358 ff.

Die Eingriffshandlung als solche ist erlaubt (actio licita); sie erfolgte aber durch rechtswidrige Ursachensetzung (causa illicita). Diese rechtswidrige Ursachensetzung selbst ist die Handlung, die sich über die Zwischenursache des Notwehrvorgangs mit dem tatbestandsmäßigen Erfolg zu einer je nach subjektiver Tatseite vorsätzlichen oder fahrlässigen Straftat zusammenschließt. Die Rechtfertigung beim Notwehrvorgang wird zu einem von der dominanten Unrechtswertung des Gesamtvorgangs überspielten Teilvorgang: Nicht alle Teilabschnitte eines im Adäquanzmaß zuzurechnenden Gesamtgeschehens müssen auch für sich rechtswidrig sein. Die Lehre von der a.i.i.c. verbindet den gerechtfertigten Verhaltensteil mit neutralen oder –bei Notwehr– gerechtfertigten Teilstrecken mit einem Zurechnungsverlauf aus gefährlichem provokativen Verhalten. Hier zeigt sich eine Ähnlichkeit mit der Lehre von den negativen Tatbestandsmerkmalen, die gewissermaßen das Gegenstück der Lehre von der a.i.i.c. auf der subjektiven Tatseite ist: Diese nivelliert den Unterschied im Wertungsvorgang zwischen einer Nichterfüllung des Unrechtstatbestandes einerseits, einer Erfüllung, aber Rechtfertigung des tatbestandlichen Unrechts andererseits, indem sie die Rechtfertigungsmerkmale in negative Tatbestandsmerkmale umdeutet und damit einen einheitlichen Bezugsgegenstand für das subjektive Zurechnungsband des Vorsatzes gewinnt. Die Lehre von der a.i.i.c. ebnet ebenfalls die Wert- und Unwertdifferenzen im Geschehensverlauf einer Ereigniskette unter dem Gesichtswinkel der Kausalität und Wahrscheinlichkeit (Adäquanz) ein. Die Rechtfertigung des Verteidigungsaktes, obwohl sie nach dem ersten Anschein deutlicher herausgehoben wird als in der h.L., hat in Wahrheit weniger Gewicht, da sie die strafrechtliche Haftung im Ergebnis nicht hindert, wenn Provokation und Handlungserfolg in einer Zurechnungsverbindung zusammenfinden.

Bei der Einschränkungslösung entscheidet die subjektive Tatseite bei der Verteidigungshandlung, die ja auch die tatbestandsmäßige Handlung ist, ob die Tat vorsätzlich oder fahrlässig ist, wenn die Rechtfertigung wegen provokationsbedingter Einschränkung fehlt. In der Lehre von der a.i.i.c. ist wegen der unerschütterlichen Rechtfertigung der Verteidigungs- bzw. Eingriffshandlung deren Vorsatz oder Fahrlässigkeit neutralisiert und damit unerheblich.

Bei der Zurechnungslösung sind mehrere Kombinationen denkbar: Die Abwehrhandlung geschieht in der Form z.B. einer vorsätzlichen Körperverletzung. Der Provokateur bedenkt bei der Provokationshandlung schon den späteren Angriff, die Verteidigung und Verletzungsfolge: Er handelt vorsätzlich nach § 223 StGB. Hat er vor seiner vorsätzlichen Angriffsabwehr den Angriff und die damit verbundene Notwendigkeit einer den Angreifer verletzenden Verteidigung nicht bedacht, handelt er fahrlässig.

Die hier im Anschluss an Baumann vorgetragene Lehre von der a.i.i.c. hat ihre wohl wirksamste Fassung durch Lenckner erfahren[141], die aber in der Hauptsache eine Einschränkungslehre ist[142]. Auch Lenckner verlangt nämlich, wie die h.M., vom Provokateur die Flucht bzw. das Ausweichen oder den Versuch risikobehafteter Verteidigung, bevor er eine Rechtfertigung zulässt. Sind Ausweichen und riskante Verteidigung aber nicht möglich oder verbraucht, gelangt Lenckner anders als die Einschränkungslösung nicht zur Rechtfertigung, sondern zieht nun als weiteres Korrektiv die a.i.i.c. heran. Ist die Rechtfertigung der Angriffshandlung trotz der Provokation an sich zu bejahen, weil der Täter nicht fliehen (usw.) konnte, wird ergänzend nach den Maßstäben der Zurechnungslehre geprüft, ob der Täter die Verletzung in Notwehr voraussehen konnte oder sogar vorausgesehen hat. In diesem Fall haftet der Täter wegen fahrlässiger bzw. vorsätzlicher Tat. Lenckners Lehre folgt also im Kern der Einschränkungslehre; die a.i.i.c. stellt nur einen verschärfenden Haftungsannex dar.

II. Die Zulässigkeit der Konstruktion der a.i.i.c.

Die Konstruktion der a.i.i.c. ist in der Literatur seit der frühen umfassenden Kritik von Roxin[143] überwiegend abgelehnt worden[144]

1. Das Widerspruchsargument

Ein Hauptpunkt der Kritik ist die Vorverlegung des Unrechtsschwerpunkts auf das notwehrexterne provozierende Vorverhalten. Bestritten wird, dass eine tatbestandsmäßige rechtswidrige Handlung unter Rückgriff auf die veranlassende Handlung trotz Rechtsfertigung der Verteidigung konstruiert werden kann: Die Verbindung des Rechtswidrigkeitsurteils über den Gesamtvorgang mit dem Rechtfertigungsurteil über den Teilvorgang der Angriffsabwehr sei als Widerspruch nicht auflösbar[145]: Eine Provokation müsse nicht notwendig rechtswidrig

141. Vgl. Lenckner, GA 1961, 299 ff.; SS/Lenckner-Perron, § 32, Rn. 61.

142. Vgl. auch Schmidhäuser, AT, 9/ 110, Fn. 53, S. 358.

143. Roxin, ZStW 75, 545 ff.

144. Meist jedoch ohne neue Argumente. Von einem bloßen „Trick“ zur Begründung einer erweiteten strafrechtlichen Haftung spricht Constatinidis, a.a.O., S. 3, was der mindestens von Schmidhäuser und Lenckner sorgfältig entwickelten Lehre sicher nicht gerecht wird.

145. Roxin, ZStW 75, 549 f.; Kühl, AT, § 7, Rn 243 ("Unvereinbarkeitsthese"); Bockelmann in Honig-FS, S. 62.

sein[146]; eine nicht rechtswidrige Vorhandlung könne nicht zusammen mit einer gerechtfertigten Eingriffshandlung eine insgesamt rechtswidrige Handlung ergeben (actio „illicita"). Sei aber die Provokation selbst schon rechtswidrig, dann sei sie, jedenfalls bei Voraussicht von Angriff und Verletzung, für sich schon ein versuchtes tatbestandsmäßiges Handeln, gegen das der Gegner keinen rechtswidrigen Angriff, sondern prinzipiell erlaubte Notwehr richte[147]. Vor allem aber sei die Lehre von der a.i.i.c. in Hinblick auf den Erfolg der tatbestandsmäßigen Verteidigungshandlung widersprüchlich. Wenn die Verteidigungshandlung gerechtfertigt sein, sei dies auch der durch sie produzierte Erfolg; er könne nicht zugleich als rechtswidriges Produkt der veranlassenden Provokationshandlung zugerechnet werden: Das hieße ja, den rechtswidrigen Erfolg und den gerechtfertigen Eingriff trotz seiner substantiellen Identität nebeneinander zu setzen[148]. Die Figur mindestens der vorsätzlichen a.i.i.c. sei daher mit der Notwehr nicht vereinbar. Das Argument wird aber noch weiter ausgebaut: Die a.i.i.c. konstruiere einen Widerspruch, wenn sie denn Erfolg einmal als gerechtfertigt, also rechtsmäßig, dann als schuldhaft verursacht, also doch wieder als rechtswidrig, auffasse[149].

2. Das Argument des unterbrochenen Zurechnungszusammenhangs

Außerdem wird gegen die a.i.i.c. ins Feld geführt, dass der rechtswidrige Angriff des Provozierten den Zurechnungszusammenhang unterbreche. Ein freiwilliges Handeln eines Dritten, hier des freiverantwortlichen Angreifers, unterbreche zwar nicht die Äquivalenzkausalität, wohl aber den Zusammenhang der Berechenbarkeit und Beherrschbarkeit, also der wertbildenden Elemente der normativen Zurechnung[150]. Die Konstruktion der a.i.i.c. beruhe darauf, dass der Provokateur durch seine Provokationshandlung zum Täter des gesamten Geschehens werde; auch den Angriff müsse er sich tatherrschaftlich, wie das Werkzeughandeln des Tatmittlers bei mittelbarer Täterschaft, zurechnen lassen[151]. Eine frei verantwort-

146. Gedacht ist an sozial missbilligten Vorformen wie Sticheleien usw. (vgl. oben Kap.1, II, 2.), die allerdings Roxin, der Hauptverfechter des Arguments, inzwischen aus dem hier maßgebenden Provokationsbegriff ausgeschlossen hat, vgl. AT, § 15, VIII, Rn. 69. (S. 584).

147. Roxin, a.a.O., S. 547.

148. Roxin, a.a.O., S. 548.

149. Das Argument hat, wie Küper, Notstand, S. 40 f., mit Recht hervorhebt, besonderen Rang, weil es die a.i.i.c. auch bei anderen Rechtfertigungsgründen wie vor allem dem Notstand nach § 34 StGB in Frage stellt.

150. Ebert-Kühl, Jura 1979, 569; Kühl, AT, § 7, Rn. 243; Mitsch, GA 1986, 545.

151. Vgl. Roxin, ZStW 75, 551; ähnlich Kühl, AT, a.a.O., Rn. 238, 248 ff; Die Parallele zu mittelbarer Täterschaft ist tatsächlich eine der wichtigsten Stützen der Lehre von der a.i.i.c., vgl. Baumann, MDR 1962, 349 f.

liche Angriffshandlung sei aber unvereinbar mit der Tatherrschaft des Provokateurs über den Angriff[152].

3. Die Argumente zur Verteidigung der Lehre

a. Das Widerspruchsargument

Die Lehre von der a.i.i.c. hat sich folgendermaßen zu verteidigen versucht:

Ist die Provokation für sich gesehen nicht rechtswidrig, so kann sie zwar – für sich betrachtet – die Strafbarkeit nicht begründen. Darauf kommt es jedoch nicht an; es wäre eine fehlerhafte isolierende Betrachtungsweise. Die Rechtswidrigkeit der Provokationshandlung ergibt sich im Zusammenhang der a.i.i.c., auch bei vorsätzlicher Provokation, nach den Maßstäben der objektiven Zurechnung immer nur, wenn die Handlung außer ihrer vorauszusetzenden Äquivalenzkausalität ihre Pflichtwidrigkeit aus der Vorhersehbarkeit eines Erfolges von der Art des tatbestandsmäßigen bezieht, und zwar ex ante, also nicht des konkreten, ex post festzustellenden Eingriffsschadens[153]. Es handelt sich im Grundsatz um dieselbe Ableitung wie bei der Feststellung des Handlungsunrechts beim fahrlässigen Erfolgsdelikt vom Typus des § 222 StGB und wird nicht dadurch verändert, dass der mögliche Angriff des Provozierten in das Gefahrurteil über die Wahrscheinlichkeit des Verlaufs zum Erfolg mit einbezogen wird[154]. Wie dort ist auch bei der Provokation im Zusammenhang der a.i.i.c. außer der Vorhersehbarkeit die Überschreitung des erlaubten Risikos bei der Handlungsvornahme erforderlich. Darauf hat besonders anschaulich Bertel hingewiesen: Würde jedes zum Angriff herausfordernde Verhalten allein nach dem Maß der Vorhersehbarkeit die pflichtwidrige Provokation bedeuten, würde der Sinn der Notwehr, Verteidigung der Rechtsordnung zu sein, in sein Gegenteil verkehrt. Schon das Betreten der eigenen Wohnung unter den Voraussetzungen, wie sie in der Fehlentscheidung des „Baracken“-Falls vorlagen, wäre dann als Provokation mit der Folge der Strafbarkeit anzusehen[155].

---

152. Roxin, ZStW 75, 551 f.; auch nach der subjektiven Teilnahmelehre lässt sich seiner Ansicht nach keine Täterschaft ableiten.

153. Zur fehlerhaften Verwechselung des Bezuges der Vorhersehbarkeit des abstrakten Erfolgs der tatbestandsmäßigen Art und des tatsächlich angerichteten Schadens vgl. Krümpelmann, in Triffterer-FS, S. 140 f. Unten 5. Kap., Abschnitt II.

154. Vgl. oben Text bei Fn. 139.

155. BGH NJW 1962, 308; vgl. oben 2. Kap., Text bei Fn. 121.

Die Voraussetzungen der objektiven Zurechnungslehre beschränken die Haftung des Notwehrtäters also erheblich. Im Ergebnis wird es meist nicht anders aussehen, als bei der h.L., die die Schranken aus dem Provokationsbegriff selbst gewinnen möchte, wobei sie die Kategorie mindestens der sozialen Missbilligung; der vorsätzlichen und fahrlässigen Pflichtwidrigkeit oder einer noch engeren Bestimmung der Provokation benutzt[156]. Während aber die h.L. mit einem Zwitterbegriff zwischen Pflichtwidrigkeit und Unverbotenheit arbeiten muss – was zu dem Streit führt, ob sozial missbilligtes Verhalten überhaupt für eine Notwehreinschränkung wegen der Provokation ausreicht – zeigt die Lehre von der a.i.i.c., dass dieses Verhalten im Geschehenszusammenhang den Handlungsunwert der Pflichtwidrigkeit gewinnt. Die Anbindung der a.i.i.c. an die objektive Zurechnungslehre nimmt daher für sich eine größere Flexibilität in Anspruch. Akte, die für sich gesehen nicht pflichtwidrig sind, können aus den Umständen ihr provokatives Gepräge erhalten und zur pflichtwidrigen Handlung werden.[157].

Ein gutes Beispiel gibt der „Eisenbahn“-Fall: Für sich betrachtet ist das wiederholte Öffnen des Fensters allenfalls ein sozial inadäquates Verhalten[158]. Im Sinne der Zurechnungslehre ist es jedoch gefährliches und daher pflichtwidriges Verhalten, weil beim Fensteröffnen, mindestens bei der Wiederholung eine heftige aggressive Auseinandersetzung mit schweren körperlichen Schäden nahe lag. Dieses Verhalten erfolgte ohne vernünftigen Grund und überschritt daher das erlaubte Risiko. Die Aktion mit dem Fenster lässt sich durch ein berechtigtes Interesse des Täters nicht erklären. (Er will nicht dringend benötigte frische Luft, sondern er will den Gegner kränken und vertreiben). Das eigentlich wertneutrale Öffnen des Fensters vermittelt deswegen einen rechtswidrigen Handlungssinn.

Die Lehre von a.i.i.c. hat also die Möglichkeit, das Rechtswidrigkeitserfordernis der fraglichen Provokationshandlung aus dem Gesamtzusammenhang genauer abzuleiten als die funktional vergleichbare Abgrenzung mit dem Maßstab der sozialen Missbilligung, mehr noch: Dieser Begriff wird überflüssig. Wenn ein Verhalten die Stufe der Pflichtwidrigkeit in der Verknüpfung mit dem Erfolg nicht erreicht, gewinnt es auch nicht die für eine Provokation erforderliche Qualität. Die Provokation braucht dann aber nicht mehr unter die zu enge Bedingung gestellt

156.Roxin hat seine Auffassung dazu fortschreitend eingeschränkt: ZStW 75, 570 ff.: sozial missbilligtes Verhalten (ebenso jetzt BGH 42, 97, „Eisenbahn“- Fall); Roxin, ZStW 93, 90 f.: rechtswidriges Verhalten. Außerdem verlangt Roxin, (Roxin, AT, § 15, VIII, Rn. 69, S. 584) einen zeitlichen Zusammenhang und ein adäquates Verhältnis; das sind, außer dem Erfordernis der Überschreitung des erlaubten Risikos, dieselben Elemente wie bei der Zurechnung im Sinne der a.i.i.c.

157. Bertel, ZStW 84, 28.

158. So auch Roxin, AT, a.a.O., Rn. 68.

werden, dass sie auch für sich und unter Ausblendung des Zusammenhangs rechtswidrige Qualität haben muss, sodass ein Verhalten von noch so aufreizender Wirkung unberücksichtigt bleiben muss, wenn diese Bedienung nicht erfüllt ist.

Nach der Einschränkungslösung hätte der Angekl. freigesprochen werden müssen, wenn die Rechtswidrigkeit des Provokationsverhaltens allein und für sich verlangt würde. Ein Fenster zu öffnen ist nicht rechtswidrig, aber durch Isolierung des Vorgangs hat man ihm den Sinn entzogen. Lässt man die soziale Missbilligung des Provokationshaltens ausreichen, so greift man entweder doch auf den Gesamtzusammenhang zurück[159], oder man begibt sich der Korrekturmöglichkeiten, die nötig sind, wenn trotz eines rechtswidrigen oder gar strafrechtswidrigen Verhaltens die Reaktion eines Angriffs unverständlich bleibt.

Aus der Art der Provokation allein lässt sich nämlich allein nicht bestimmen, ob die Notwehr im Ergebnis zum Freispruch führt oder nicht. Selbst ein rechtswidriges, sogar strafrechtswidriges Provokationsverhalten muss nach der Lehre von der a.i.i.c. nicht notwendig eine Zurechnung nach sich ziehen. Bertel hat folgerichtig darauf hingewesen, dass darüber außer den Bedingungen der Pflichtwidrigkeit der Provokationshandlung auch der Zusammenhang der Schutzzwecke der Norm, deren Verletzung die Provokation pflichtwidrig macht, und der Norm des bei der Abwehr betroffenen Eingriffstatbestandes entscheidet. Bertels Beispiel[160] allerdings ist nicht überzeugend entwickelt: Die Beschädigung des Autos durch Hineinkratzen eines Schimpfworts sei eine Sachbeschädigung aus dem Normkreis zum Schutz des Eigentums. Die Körperverletzung, die der Eigentümer davontrage, der am nächsten Tag den Täter angreift und von diesem in Notwehr verletzt werde, gehöre zu den Normen zum Schutz der körperlichen Integrität, so dass ein Schutzzweckzusammenhang zu verneinen sei. Das überzeugt nicht: Auf den sachbeschädigenden Inhalt kommt es nicht an; das Verhalten ist aber natürlich in hohem Maße herausfordernd und daher eine taugliche Basis für die Zurechnung der Verletzung zur Provokation. Richtig dagegen ist es, dass z.B. eine verkehrsrechtsrechtswidrige allgemeine Ordnungsverletzung wegen des fehlenden Schutzzweckzusammenhanges als Provokation von vornherein ausscheiden kann: Eine Vorfahrtsvorschrift dient dem Schutz vor Unfällen und der allgemeinen Ordnung des Straßenverkehrs. Sie dient aber nicht dem Schutz vor Auseinandersetzungen. Wer eine Vorfahrtsverletzung beobachtet und den Täter verfolgt, um ihn zu prü-

159. So ganz offensichtlich auch der BGH, der den beleidigenden Charakter des Vorgangs hervorhebt.

160. Bertel, a.a.O., S. 33.

geln, kann sich nicht auf ein zurechenbares Provokationsverhalten berufen, wenn der andere ihn seinerseits in Notwehr verletzt hat[161].

In diesem Sinne lässt sich auch das Argument von der widersprüchlichen Wertung des Erfolges im System der Lehre von der a.i.i.c. entkräften: Diese Kritik übersieht, dass der Erfolg eine Doppelstellung hat. Mit Küper ist davon auszugehen, dass die Rechtfertigung durch § 32 StGB das Verteidigungsverhalten und nur dieses betrifft, der Erfolg ist nur als Kausalresultat der Verteidigungshandlung einbezogen. Unrecht ist aber nicht nur Erfolgsunrecht, d.h. Unrecht des begangenen Verhaltens, sondern auch Erfolgsunrecht, d.h. erlittenes Unrecht des Verletzten[162]. Der jeweilige infolge des pflichtwidrigen Provokationsverhaltens entstandene Schaden ist in der Lehre von der a.i.i.c. als rechtswidrig erlittener Erfolg zu betrachten; er lässt sich mit der Provokation als pflichtwidrigem Verhalten trotz der Rechtfertigung des Teilstückes „Verteidigung" verbinden.

b. Das Argument, die Provokation als a.i.i.c. sei selbst schon ein rechtswidriger Angriff

Wenig überzeugend ist das Argument, nach der Lehre von der a.i.i.c. sei schon die Provokation selbst ein versuchter und daher rechtswidriger Angriff, gegen die folgerichtigerweise ebenfalls die Notwehr zugelassen werden müsse[163]. Das Versuchstadium setzt voraus, dass der nächste Schritt des Geschehens bereits den Tatbestand mindestens teilweise verwirklicht. Der nächste Schritt jedoch ist nicht der Beginn der Verteidigungs- bzw. Verletzungshandlung des Täters, sondern vorgelagert ist notwendigerweise die tatbestandsfremde Angriffshandlung. Für eine restriktive Versuchslehre, wie sie § 22 StGB nach h.L. verlangt[164], reicht das nicht aus, so dass die Argumentation insoweit unschlüssig ist.

---

161. Bertel a.a.O., S. 34; anders wäre es, wenn der Täter dem Verfolger selbst die Vorfahrt abgeschnitten hätte und eine solche Reaktion nach den Umständen vorhersehbar gewesen wäre.

162. Küper, Notstand, S. 40 f.; vgl. auch Krümpelmann, in Bockelmann-FS, S. 443 f.

163. Vgl. oben Text bei Fn. 147; vor allem Roxin, ZStW 75, 547; vgl. auch Neumann, Zurechnung, S. 152; überzeugend dagegen Bertel, ZStW 84, 21.

164. Bei einer extensiven Versuchsauffassung, in die auch bei der a.l.i.c. vielfach ausgewichen wird, mag man zu einem anderen Ergebnis kommen, das aber in der modernen Versuchslehre einen Fremdkörper darstellen würde. Bedient man sich der Parallele zu mittelbarer Täterschaft, mag man auch an den Streit denken, wann hier der Versuch beginnt. Eine Mindermeinung hält den Handlungsbeginn des Tatmittlers für maßgebend: Das wäre erst der Angriff des Provozierten. Die h.M. verlangt, der Täter müsse das Geschehen aus der Hand gegeben haben: Dann aber wäre der Angriff eines solchen Versuches nicht mehr gegenwärtig und würde den

Das steht nun scheinbar im Widerspruch mit der eben behandelten Voraussetzung der Lehre von der a.i.i.c., dass die Provokation selbst, wenn auch aus dem Gesamtzusammenhang abgeleitet, die Pflichtwidrigkeit des Geschehens in sich trägt. Dann also müsste doch, so scheint es, auch gegen die Provokationshandlung Notwehr zulässig sein. Soweit die unbeendete Pflichtwidrigkeit der Provokation betroffen ist, stimmt das auch. Eine so beschaffene Notwehr, wie sie auf die pflichtwidrige Provokation allenfalls denkbar ist, wird im Angriff aber nicht geleistet, denn er hat nicht das Ziel der Beseitigung der in der Provokation liegenden Gefahr, sondern er ist schon deren Verwirklichung, die eine Notwehr gegen die Provokation gerade intentionell hätte verhindern müssen.

c. Das Argument des unterbrochenen Zurechnungszusammenhangs

Die Lehre von der a.i.i.c. geht davon aus, dass die Provokationshandlung, die das Risiko des Angriffs mit seinen Folgen in sich trägt, die eigentliche Unrechtshandlung ist und dass die Zurechnung von dieser Handlung über das Notwehrgeschehen bis zum Schädigungserfolg reicht[165]. Der rechtswidrige Angriff, der auf die Provokation erfolgt, greift in die Kette der Ereignisse von der Provokation bis zum Schaden beim Angreifer ein, und die Kritiker der Lehre behaupten, dass er sie unterbreche.

Die gegen Ende des 19. Jahrhunderts im Vordringen befindliche Meinung, jede freiwillige Handlung eröffne eine neue Kausalkette, ist vom Reichsgericht nicht übernommen worden. War der Eintritt einer menschlichen Zwischenursache voraussehbar, d.h. nicht außer aller Wahrscheinlichkeit[166], so waren auch die drittvermittelten Folgen dem Ersttäter zurechenbar[167]. Hinter der Lehre von der Unterbrechung des kausalen Zusammenhangs durch menschliche Ursachen und der Auffassung ihrer Zurechenbarkeit stehen jedoch die verschiedenen Zurechnungskonzepte einer naturalistischen und einer anthropologisch und daher normativ überformten Kausalität[168], die nicht unvereinbar sind. Die objektive Zurech-

---

Provozierten nicht zur Notwehr berechtigen (vgl. zum Streitstand Jescheck-Weigend, § 62, IV, 1, S. 672).

165. Vgl. Kühl, AT, § 7, Rn. 242; S. 236.; Neumann, Zurechnung, S. 148, 153, der seine Ausführungen allerdings auf die vorsätzliche a.i.i.c. beschränkt.

166. Über die Identität von Adäquanz und Vorhersehbarkeit in der Urteilsstruktur vgl. Welzel, Lehrbuch, S. 47.

167. Ständige reichsgerichtliche Rspr. seit RGSt 34, 91 („Theatergarderoben"-Fall); vgl. Jescheck-Weigend, § 28, II, 3, m. w. Nachw.

168. Ausführlich Ling, Unterbrechung, S. 85 ff., zusammenfassend S. 131 ff.

nung[169] schränkt die naturalistische Kausalität (Äquivalenzkausalität) nach wertenden Gesichtspunkten ein. Als solche haben sich unter anderen der Aspekt der Selbstverantwortlichkeit und der Eigengefährdung durchgesetzt[170]. Liegen die unmittelbaren Folgen des Handelns der anderen Person, die in den Wirkungsbereich des Täters eintritt, in deren eigenem Verantwortungsbereich, so werden sie trotz der Erstverursachung dem Täter nicht zugerechnet. Ein kategorischer Ausschluss der Zurechnung bei freiwilligen Dritthandlungen findet aber nicht statt: Sind die Umstände nicht so beschaffen, dass der Dritte allein die Verantwortung trägt, dann ist auch der Ersttäter haftbar[171].

Auch der Bundesgerichtshof hat eine Unterbrechung des Zurechnungszusammenhangs bei selbstverantwortlicher Eigengefährdung anerkannt. Deutlich ausgesprochen wurde das zuerst am Beispiel einer fahrlässigen Selbsttötung[172], ist aber zunehmend auf andere Bereiche ausgeweitet worden[173]. Auch bei der Frage einer Zurechnungsstruktur, wie sie die Lehre von der a.i.i.c. behauptet, werden diese Gesichtspunkte thematisch. Die Frage spitzt sich dahin zu, ob der Gedanke der Vorhersehbarkeit des Angriffs im Verein mit anderen Zurechnungselementen die Zurechnung des Schadens zur Provokation gestattet oder ob nach wertenden Aspekten der Verhaltensautonomie oder Selbstgefährdung die Zurechnung als unterbrochen anzusehen ist.

Im Wesen des rechtswidrigen Angriffs liegt es, dass der Angreifer für sein rechtswidriges Verhalten einzustehen hat[174]. Außerdem setzt sich der Angreifer mit dem Entschluss zu rechtswidrigem Angriffsverhalten auch bewusst der Gefahr einer Schädigung durch die Notwehrverteidigung aus[175]. Die Wertaspekte, die eine Unterbrechung des Zurechungszusammenhangs tragen, sind also beide versammelt; die a.i.i.c. scheint mit ihnen nicht vereinbar zu sein[176].

Unterstützend kommt, speziell für den Fall des Notwehrangriffs, noch hinzu: Wenn die Rechtsprechung beim Dazwischentreten eines Dritten den Erfolg zu-

169. Vgl. oben Text bei Fn. 150.

170. Vgl. Roxin, AT, § 11, I, Rn. 91 ff., S. 335 ff., Rn. 111, S. 347 ff.

171. In diesem Sinne wohl schon h.L., vgl. SS/Lenckner, Rn. 91 ff., 100 ff. vor § 13, m. w. Nachw.

172. BGHSt 24. 342; vgl. dazu und zum folgenden Engländer, Jura 2001, 537.

173. Nachweise bei Engländer, Jura 2001, 537, Fn. 21.

174. Zwar ist auch entschuldigt rechtswidriges Verhalten als rechtswidriger Angriff denkbar (h.L., a.A. Jakobs, AT, 12/17 f. m. w. Nachw., Fn. 29/30), doch ist das ein Ausnahmefall, der am Prinzip nichts ändert.

175. Hier wirkt es sich aus, dass bei der Provokation nur vorsätzlich eingeleitete rechtswidrige Angriffe in Betracht kommen, vgl. oben 1. Kap., Text bei Fn. 64.

176. In diesem Sinne Engländer a.a.O.

rechnet, ereignet sich das Fremdverhalten als zufälliges, wenn auch nicht inadäquates, d.h. ganz unwahrscheinliches, Geschehen. In der Situation nach einer Provokation ist eine auf sie zurückgehende Verletzung nicht zufällig mit dem Geschehensablauf verbunden, sondern der Verlauf zum Schaden hin ist ohne die Intervention von Angriff und Verteidigung gar nicht denkbar. Diese beiden Handlungsschritte sind also das notwendige Zentrum der Betrachtung und nicht etwa in unsicherer, höchstens wahrscheinlicher Weise Gegenstand eines Prognoseverfahrens, wie es die ex-ante-Feststellung der Gefährlichkeit des Handelns bei der Pflichtwidrigkeit der Provokation allein verlangt. Die a.i.i.c. verlagert den Akzent vom Kernstück der Sachverhaltswirklichkeit weg in die irreale Sphäre der Verhaltenserwartung. Neumann hat das etwas drastisch glossiert: „Der Täter wird nicht deshalb wegen Totschlags bestraft, weil er dem Opfer das Messer in die Brust gestoßen hat, sondern deshalb, weil er –beispielsweise – in Provokationsabsicht die Spielweise der Fußballmannschaft des Opfers mit der eines Spitalvereines verglichen hat“[177]. Nun ist zwar die Verlagerung auf Handlungen, die einem z.B. tatbestandsmäßigen Tötungserfolg für sich betrachtet ganz fernestehen, beim unbewusst fahrlässigen Erfolgsdelikt fast schon die Regel (ein ablenkendes Gespräch führt zum tödlichen Verkehrsunfall), doch ist das Zwischenstadium des vorsätzlichen Angriffs bei den Provokationsfällen geradezu die Konstante, die diesen Formen der Unterbrechung das typische Gepräge gibt.

Will man nicht die Wirklichkeitsstrukturen eines Rechtfertigungssachverhalts verzerren, dann muss die Betrachtung bei Angriff und Verteidigung beginnen, und der Rückgriff hinter dieses Stadium bedarf besonderer Begründung. Diese Überlegung findet ihre Bestätigung auch bei einer Betrachtung nach den Maßstäben von Täterschaft und Teilnahme, wenigstens im Bereich vorsätzlicher Provokation. Der Angriff des Provozierten ist von diesem selbst täterschaftlich gesteuert; er steht nicht unter der Tatherrschaft oder Willenherrschaft des Provokateurs, gleich ob man Maßstäbe objektiver oder subjektiver Täterlehre anlegt. Die Selbständigkeit der Handlung des Provozierten wird durch die Provokation nicht beseitigt.

Gegen die Konzeption der a.i.i.c. spricht schließlich noch ein Argument aus der Struktur des Rechtfertigungsgrundes der Notwehr. Die Konstruktion der Zurechnung von der Provokation zum Eingriffsschaden macht aus dem Geschehen einen gleichsam linearen Vorgang. Ins Nebensächliche wird dabei gesetzt und unterdrückt, dass die Notwehr –wie die meisten Rechtfertigungsgründe – eine spannungsreiche, antagonistische Materie hat; sie regelt und schlichtet die Kollision von Eingriffsgut und Erhaltungsgut. Man ist auf Werturteile angewiesen, gerade

177. Neumann, Zurechnung,. S. 153; in diesem Sinne auch Hruschka, ZStW, 113, 876; der Verfasser schließt ein Vorverschulden durch ein Regressverbot generell aus (S. 877 ff.).

und erst recht bei der Provokation: Das trotz aller behaupteten Klarheit des Notwehrparagraphen keineswegs einfach zu gewinnende Urteil, der Wortlaut des § 32 II StGB treffe auf den Sachverhalt zu, das auch Wertungen verlangt, wird durch die Prüfung des provokativen Anlasses der Kollision noch einmal wertend überlagert. Die im Provokationsfall noch zugespitzte Problematik der wertenden Kollisionsschlichtung wird mit der a.i.i.c. unzulässig vereinfacht und im Grunde übergangen[178].

III. Ergebnis

Logische Einwände gegen die Lehre von der a.i.i.c. konnten nicht überzeugen; sie konstruiert die Zurechnung vom Eingriffsschaden zur Provokation folgerichtig im Muster des Tatbestandes eines fahrlässigen Erfolgsdelikts, die vorsätzliche Form erscheint nur als ein Sonderfall[179]. Die Lehre von der a.i.i.c. behandelt die entscheidenden Bedingungen des Eintritts der Notwehrlage und der Notwehrhandlung wie ein Prognoseelement bei der Bestimmung der Pflichtwidrigkeit und dreht damit den Gegenstand ihrer Betrachtung um. Zugleich wird die Kollisionsstruktur einer Tatbestandsverwirklichung im Einflussbereich der Notwehr übergangen.

Somit resultieren die durchschlagenden Einwände gegen diese Lehre aus einer wertenden Betrachtung; die meisten Argumente gegen die Lehre von der a.i.i.c., insbesondere der Einwand der Widersprüchlichkeit, haben sich dagegen als nicht stichhaltig erwiesen. Es ist auch nicht zu bestreiten, dass diese Lehre manche Vorzüge für die Gestaltung der Rechtsfolge bietet, wie die „Eisenbahn"-Entscheidung andeuten mag[180]. Die Zurückführung auf die Provokation gestattet es, bei Nichtvoraussicht der späteren Notwehrsituation, die Fahrlässigkeitshaftung

178. Die Lehre von der a.i.i.c. teilt diesen Einwand der Einebnung der Kollisionsstruktur mit der Lehre von den negativen Tatbestandsmerkmalen, die mit dem negativen Vorzeichen, das sie den Rechtfertigungsmerkmalen verleiht, um sie auf die Tatbestandsebene herunterzubringen, die Kollisionsstruktur ja ebenfalls unterdrückt. Auch bei ihr will man die Vereinfachung eines Zurechnungsvorgangs, diesmal nach Maßstäben der subjektiven Zurechnung, erreichen. Die Lehre von den negativen Tatbestandsmerkmalen hat den Sinn, die Putativrechtfertigung aus den Schichten gegenläufiger Werturteile zu befreien und sie an den erprobten Regeln des Tatbestandsvorsatzes zu messen. Die Reduktion vom komplexen Gegensatz von Tatbestand und Rechtfertigung zum eindimensionalen tatbestandsorientierten Unrechtsproblem steht im Hintergrund beider Lehren und macht sie fragwürdig. Dies mag sich bei der Lehre von der a.i.i.c. freilich anders darstellen, wenn der Notwehrvorgang instrumental in den Absichtszusammenhang eingebracht wird, doch ist das keine Frage der *objektiven* Zurechnung mehr.

179. Für die Absichtsprovokation gelten diese Überlegungen nicht.

180. Vgl. oben 2. Kap., Text zwischen Fn. 128 und 129.

eingreifen zu lassen, die oft die angemessenere Lösung gegenüber der Alternative Vorsatzhaftung/Freispruch sein könnte, welche die h.L. bietet. Dennoch lässt sich die a.i.i.c. als Gesamtlösung nicht vertreten, weil sie den Schwerpunkt von der Angriffs- und Verteidigungshandlung auf die Provokation verlagert, die aber für sich gesehen nur ein unselbständiges und untergeordnetes Teilmoment bei der Bewertung der tatbestandsmäßigen Verletzung ist.

Es wird sich aber zeigen, dass die zurechnungstechnischen Analysen, die die a.i.i.c. geliefert hat, denn sie ist ein Unterfall der Lehre von der objektiven Zurechnung, bei der Bewertung im Rahmen der Einschränkungslösung mit großem Nutzen herangezogen werden können[181]. Erst bei dieser Betrachtung verliert nämlich die Provokation ihre Statik und Unveränderlichkeit und wird zu einem Teilmoment des gesamten Wertungszusammenhangs. Schließlich wird zu überlegen sein, ob die Umkehr des Dominanzverhältnisses, das die a.i.i.c. bei Provokation und Verteidigungshandeln herstellt, nicht bei den Kernfällen der Absichtsprovokation seine Berechtigung hat[182].

---

181. Vgl. unten 5. Kap., Abschnitt. II.

182. Vgl. unten 4. Kap., Abschnitt, III, 1.

4. Kapitel: Probleme der subjektiven Tatseite bei der Notwehrprovokation

Die Einschränkung der Rechtfertigung bei der Provokation der Notwehrlage ist seit der Periode des Reichsgerichts mit der subjektiven Tatseite verbunden worden. Dies geschah vor allem bei der Absichtsprovokation. Neben der Begründung, eine Rechtfertigung komme wegen eines Missbrauchs des Notwehrrechts nicht in Betracht, wird nämlich vorgetragen, der Täter habe statt des erforderlichen Verteidigungswillens nur einen Angriffswillen[183]. Zuerst sind einige Voraussetzungen zu klären.

I. Objektivistische und normativistische Notwehrlehre

Es ist schon nicht selbstverständlich, dass der Täter, wenn er die objektiven Notwehrvoraussetzungen erfüllt hat, überhaupt mit Verteidigungswillen handeln muss, um gerechtfertigt zu sein. Eine objektivistische Unrechtslehre kann subjektive Elemente nur in der Schuld erfassen und bei den Rechtfertigungsgründen nicht berücksichtigen[184]. Heute arbeiten aber auch Objektivisten wie Baumann mit dem Verteidigungswillen[185]; es ist fast nur noch Spendel, der den streng objektiven Standpunkt wahrt und auch bei der Notwehr keine subjektiven Elemente zulässt[186]. Dieser Standpunkt ist heute eine extreme Minderheitsmeinung; er lässt sich nur in einer Grundsatzdiskussion beurteilen, die hier nicht geführt werden kann[187].

Schon das ältere Reichsgericht verlangt den Verteidigungswillen: Der Täter musste den Rechtfertigungszweck als motivierende Erfolgsvorstellung besitzen; andere Motive (z.B. Rache, Zorn oder Angst) konnten allerdings nebenherlaufen[188]. Die-

183. Vgl. Einleitung, Abschnitt II.

184. Sogar Mezger, Strafrecht, S. 235 f., der Entdecker der subjektiven Unrechtselemente, erkennt bei der Notwehr keinen Verteidigungswillen an.

185. Baumann, Strafrecht, AT, 8. Aufl., § 21, II, 1 a, S. 314.

186. Spendel, in: Bockelmann-FS.; S. 245 ff.; LK-Spendel, § 32, Rn 138, 281 ff.

187. Vgl. auch Prittwitz, GA 1980, 381 ff.

188. RG GA 45 (1897), 272; RGSt 54, 196; BGHSt 3, 194; BGH GA 1980, 7.

se Auffassung wird in der Literatur bis heute vertreten[189]. Im Zusammenhang mit der Lehre vom Rechtfertigungsbewusstsein und in dessen Umkehr zum Erlaubnistatbestandsirrtum entwickelte sich die subjektive Tatseite des Rechtfertigungsgrundes in der Parallele zum Tatbestandsvorsatz als Erlaubnistatbestandsvorsatz. Dazu zählt das Wissen und Wollen der Umstände, die zu einem Erlaubnistatbestand gehören. Das hat zur Konsequenz, dass auch beim Rechtfertigungsbewusstsein das Wissen der sachlichen Voraussetzungen vom Wissen über die Erlaubniswertung zu trennen ist. Das Erlaubniswissen (die Umkehrform des Erlaubnisirrtums) wird nicht verlangt. Die Meinung, dass das Rechtfertigungsbewusstsein sich auf den Erlaubnistatbestandsvorsatz beschränkt und ein darüber hinausgehender Verteidigungswille mit einem entsprechenden Erlaubnisbewusstsein nicht verlangt wird, ist im Vordringen begriffen[190]. Die Frage ist nicht allzu wichtig, da beim Verteidigungszweck andere Motive mitwirken dürfen und ein Motiv der Verteidigung bei der Herausforderung durch einen Angriff kaum je fehlen wird[191].

Um die weitere Darstellung von hier wenig relevanten Streitfragen zu entlasten, halten wir für die folgenden Abschnitte fest:

Ein Erlaubnisbewusstsein gehört ebenso wenig zum Verteidigungswillen wie das Unrechtsbewusstsein zum Tatbestandsvorsatz. Der Verteidigungswille ist dekkungsgleich mit dem Wissen und Wollen der objektiven Rechtfertigungsmerkmale, hier also der objektiven Notwehrvoraussetzungen. Der Täter muss bei seiner tatbestandsmäßigen Handlung wissen, dass ein gegenwärtiger rechtswidriger Angriff gegen ihn (oder einen anderen) geführt wird, und dass sein Handeln erforderlich ist, um ihn abzuwehren. Fehlt das Erlaubnisbewusstsein, ist aber das Wissen um die Rechtfertigungsumstände vorhanden, ist der Täter gerechtfertigt. Hält er sein Handeln irrtümlich für verboten, liegt ein Wahndelikt vor. Für eine Rechtfertigung wird nicht verlangt, dass der Täter sein Verhalten, das er in den sachlichen Voraussetzungen erkennt, rechtlich als Notwehr wertet.

II. Die Formen des Rechtfertigungsbewusstseins

Die Verteidigung braucht nicht das einzige Motiv des Täters zu sein; es muss nicht einmal Motiv im Sinne einer Zielvorstellung des Handelns sein. Der Täter, der aus Rache, aus Zorn oder anderen Motiven Notwehr übt, muss nur wissen,

189. Jescheck-Weigend, § 31, IV, S. 329 ff.

190. Vgl. Stratenwerth, AT, Rn. 488; Roxin, AT, § 14, Rn. 94, m. w. Nachw.

191. Jescheck-Weigend, a.a.O.

dass er sich im Zustande erforderlicher Verteidigung befindet (praktisch, dass er einen Angriff abwehrt).

Die subjektive Tatseite beim Rechtfertigungsgrund ist nicht anderes strukturiert als die subjektive Tatseite beim Tatbestand. Wie dort die Absicht, der direkte Vorsatz und der bedingte Vorsatz als Grenzbegriff zur bewussten Fahrlässigkeit, so lässt sich beim Rechtfertigungsgrund die Abwehr als Ziel, als notwendige Nebenfolge verstehen; schließlich kann sie auch die mögliche Nebenfolge eines anders und außerhalb der Rechtfertigung motivierten Handelns sein. Diese Formen können leicht verwechselt werden, was gerade auch im Zusammenhang mit der Notwehreinschränkung bei Vorsatzprovokationen Unklarheiten stiftet[192]. Deswegen sollen die Formen des Rechtfertigungsbewusstseins durch Beispiele erläutert werden.

1. Verteidigung als Zielmotiv

A wird von dem Räuber B überfallen. Er schlägt ihn mit der Faust nieder[193].

A handelt nur und ausschließlich um der Abwehr willen. Ohne diesen Zweck wäre sein Handeln für ihn sinnlos, er würde nicht schlagen. In den meisten Notwehrfällen dürfte dies die Bewusstseinsform des Notwehrtäters sein. Es ist gleichgültig, ob neben dem Verteidigungsziel noch andere Motive (Zorn, Kampfeslust usw.) mitwirken[194].

Es ist denkbar, dass die Abwehr nicht das Endziel des Täters war, sondern das notwendige Durchgangsstadium zu einem anderen Ziel außerhalb des Rechtfertigungszusammenhangs:

A will sein Kind aus einem brennenden Haus retten. B will den ihm sinnlos und lebensgefährlich scheinenden Rettungsversuch verhindern und hält ihn fest. A übt dagegen Notwehr und schlägt ihn nieder.

---

192. Prittwiz, GA 1980, 381.
193. Hier wie im folgenden sei immer vorausgesetzt, dass die objektiven Notwehrvoraussetzungen gegeben sind.
194. Man spricht hier gern vom „Motivbündel", das von der Rechtsprechung aber gelegentlich auch in der irreführenden Form der mitwirkenden Einsicht in die Rechtmäßigkeit der Verteidigung verwendet wird, vgl. BGHSt 3, 194.

Für A ist das Endziel des Handelns der Rettungsversuch; die Verteidigung gegen B ist nur das notwendige Durchgangsstadium zu diesem außerhalb der Notwehr liegenden Zweck. Trotzdem gehört auch die Abwehr des B in den Absichtszusammenhang bei A: Die Verteidigung bleibt trotz des weitergehenden Zwecks das Zielmotiv.

Es ist unerheblich, wenn der Täter das Gelingen der Verteidigung nicht für sicher, sondern nur für möglich hält[195]:

> A hält die Abwehr des stärkeren B auf seinem Weg zum brennenden Haus nicht für aussichtsreich, versucht sie aber.

Andere Beispiele für Unsicherheiten bei der Verteidigung als Zielmotiv findet man in den Fällen des Zweifels über das Bestehen oder das Nichtbestehen einer Notwehrlage, also im Bereich einer möglichen Putativnotwehr. Der Täter, der den Angriff für möglich, aber nicht für sicher hält, bleibt im Zweifel, ob er letzten Endes in Notwehr handelt, doch für diesen Fall ist sein Verteidigungswille unbedingt: Ohne den Angriffsverdacht würde er nicht handeln.

2. Verteidigung als notwendige Nebenfolge

Für die Parallelform zum direkten Vorsatz 2. Grades ist ein Beispiel schwieriger zu finden:

> A reißt sein baufälliges Haus auf seinem Grundstück ab. Trotz ständiger Abmahnung parkt B immer wieder sein Auto auf dem offenen Gelände und wiederholt das auch trotz der Warnung vor drohender Beschädigung des Wagens beim Abriss. Das Auto wird durch die herabfallenden Gebäudeteile zerstört, wie A sicher vorausgesehen hatte.

Die Sachbeschädigung nach § 303 StGB ist durch Notwehr gerechtfertigt: Das Wiederbefahren des Geländes entgegen dem Verbot ist als rechtswidriger Angriff auf das Hausrecht, die Beschädigung des Autos als Verteidigung des Hausrechts zu verstehen; die Erforderlichkeit mag sich aus den Umständen ergeben[196].

Der Zweck des tatbestandsmäßigen Handelns der Sachbeschädigung des Wagens ist der Abriss des Hauses. Die Beschädigung des Wagens, zugleich die Verteidigung des Hausrechts, ist nur eine Nebenfolge dieses Vorgangs, die der Täter freilich als sicher eintretend erkennt. Der Notwehrvorgang steht also nicht im Zweck-

195. Fehlerhaft BGHSt 16, 1; dagegen schon Welzel, NJW 1962, 20.
196. z.B.: Ein Abschleppdienst steht nicht zur Verfügung.

zusammenhang mit der Handlung; bliebe das Auto aus Zufall unbeschädigt, wäre das dem A bei seinem Handeln gleichgültig oder sogar recht: Es handelt sich, wie man sieht, um eine Strukturparallele zum dolus directus 2. Grades. Da an einer Rechtfertigung ernsthaft nicht gezweifelt werden kann, wird hier deutlich, dass die Formel, der Zweck des Notwehrhandelns müsse die Abwehr sein, jedenfalls im strengen Sinne des Wortes „ Zweck" unrichtig ist. Der Text von § 32 II StGB: „...erforderlich..., um ... abzuwehren", gibt zwar mit der „um-zu"-Formel ein Synonym für „Zweck", doch beschränkt sich diese Beziehung auf die Abwehrtauglichkeit des Handelns, dessen Erforderlichkeit geprüft werden soll. Dass die Abwehr das Endziel des Handelnden sein muss, darf dem Wortlaut nicht entnommen werden[197].

3. Das Rechtfertigungsbewusstsein in der Strukturparallele zu bedingtem Vorsatz und bewusster Fahrlässigkeit

Das letzte Beispiel lässt sich abwandeln:

> A hält die Beschädigung des Autos des B, auf die es ihm beim Abriss des Hauses aber nicht ankommt (Nebenfolge), nicht für sicher, sondern nur für möglich.

Wie bei der Vorsatzlehre könnte man hier unterscheiden, ob der Täter die Beschädigung des Autos in Kauf nimmt, oder ob er darauf vertraut, das Auto bleibe unbeschädigt. Die Unterscheidung lohnt beim Rechtfertigungsbewusstsein aber nicht, denn in beiden Fällen ist dem subjektiven Rechtfertigungserfordernis Genüge getan; der Täter kennt die Umstände, die zum Erlaubnistatbestand gehören.

III. Die Vorsatzprovokation und ihr Einfluss auf das Rechtfertigungsbewusstsein

Die historische Diskussion um die Provokation der Notwehrlage ging von der Absichtsprovokation aus[198]. Diese stellt gewiss nicht den Schwerpunkt der Sachfragen dar, ist aber auch nicht ohne praktische Bedeutung.

---

197. Vgl. Prittwitz, GA 1980, 385.
198. Vgl. auch Roxin, ZStW 75, 558 ff.; Kühl, AT, § 7, Rn. 228 ff., 231.

1. Die Absichtsprovokation als Scheinnotwehr

Die Absichtsprovokation setzt voraus, dass der Täter die provokative Handlung vornimmt, um den Schadenseffekt der tatbestandsmäßigen Handlung, z.B. eine Tötung, unter dem Deckmantel der Notwehr zu erzielen[199].

Die Provokation leitet dann einen durchgehenden Absichtszusammenhang zwischen der Notwehr und dem Schadenserfolg der Abwehrhandlung ein, z.B. einem Tötungserfolg. Ohne die Provokation würde der Gegner nicht angreifen; ohne den Angriff könnte der Täter die Tötung nicht durch die Abwehr tarnen. Dass theoretisch die Tötung auch ohne die Notwehrstadien möglich wäre, ist unerheblich, denn der Täter würde ja nicht ungetarnt handeln. Unerheblich ist auch, ob der Täter sich auf die Angriffsreaktion und den tödlichen Erfolg der Verteidigung nicht mit Sicherheit verlassen kann, denn bei der Ansicht ist es ja unerheblich, ob der Täter das erstrebte Ziel für sicher oder nur für möglicherweise erreichbar hält[200]. Man muss das mit der Mittel-Zweck-Beziehung im Notwehrfall ohne Absichtsprovokation vergleichen. Dort plant der Täter die Einleitung einer Verteidigung, bevor er sich das tatbestandsmäßige Verhalten in den Einzelheiten und Konsequenzen klarmacht. Seine Handlung wird er sich weniger unter dem Aspekt des tatbestandsmäßigen Erfolges als unter dem Aspekt des Abwehrerfolges vorstellen, der für ihn den Vorrang hat. Die tatbestandsmäßige Aktion wird daher als Mittel zum Zweck der Verteidigung eingeplant und eingesetzt[201].

Für den Regelfall der Notwehr gilt: Ohne Verteidigungseffekt keine tatbestandsmäßige Handlung, die ohne ihn den Sinn verlöre. Die Tötung ist das Mittel zum Verteidigungszweck[202]. Bei der Absichtsprovokation kehrt sich diese Mittel–Zweck–Beziehung um. Die Verteidigung ist das Mittel zum Tötungszweck: Keine tatbestandsmäßige Handlung ohne Verteidigung. Der Täter würde ohne die (tarnende) Notwehrabwehr den Tatbestand nicht verwirklichen. Verteidigung um der

199. Ob hinter dem Ziel der Tötung noch andere Motive stecken (z.B. Ausschaltung des Ehegatten, zum Zwecke, den Verkehr mit dessen Frau ungestört aufrecht zu erhalten), ist unerheblich, denn die Tötung ist mindestens notwendiges Mittel zu diesem Zweck (notwendiges Durchgangsstadium) und ist daher beabsichtigt; sie gehört in denselben „instrumentalen" Zusammenhang.

200. Vgl. oben Fn. 195.

201. Praktisch wird beides meist zusammenfallen.

202. Man kann sogar annehmen, dass im Regelfall einer Notwehrtötung der Tötungserfolg einer absichtsgesteuerten Verteidigungshandlung meist nur die für sicher oder möglich gehaltene, in Kauf genommene Nebenfolge ist, dass also Absichtstötungen im Notwehrumkreis selten sein dürften.

Tötung willen – Tötung um der Verteidigung willen: Diese Umkehr der motivationalen Schichtung bringt den Gegensatz von Absichtsprovokation und Notwehr auf eine kurze Formel.

Die Frage ist, ob dieser Unterschied ausreicht, um dem Absichtsprovokateur die Notwehrrechtfertigung schon aus Gründen der subjektiven Tatseite zu entziehen, so dass man der schwierigen Begründung aus dem Missbrauch usw. enthoben wäre. Die motivationale Umschichtung von Verteidigungserfolg und tatbestandsmäßigem Erfolg bietet dafür vielleicht keine genügend sichere Basis, jedoch: Es geht nicht nur um Motivation, sondern vor allem um Handlungstechnik, eine besondere Strategie zum Tötungserfolg.

Ohne das provokative Vorgeschehen bliebe der Sachverhalt auch unverständlich. Erst wenn man das provokative Handeln in das tatbestandliche Handeln (die Körperverletzung, Tötung oder was auch immer) mit einbezieht und als die Einleitung des ersten tatbestandlichen Aktes betrachtet, entschlüsselt sich das Geschehen als Tötungs-, Körperverletzungs- (usw.) Vorgang; die weiteren Geschehensschritte sind alle Bestandsteile derselben Planverwirklichung. Die Absichtsprovokation bedarf daher konstruktiver Hilfsfiguren wie der a.i.i.c. nicht; auch eine Missbrauchswertung erübrigt sich. Objektiver und subjektiver Tatbestand sind erfüllt. Die Notwehrverteidigung, die der Täter in seine Planverwirklichung eingebaut hat und die ohne das Provokationsmoment zur Rechtfertigung geführt hätte, hat der Täter durch seine Instrumentalisierung zum Tötungs-, Verletzungs- usw.- Mittel seines normativen Gehalts als Notrecht beraubt und zum Teilakt des Tatbestands verwirklicht gemacht: Das unerlaubte Mittel beseitigt den Erlaubnisgehalt der buchstäblichen Erfüllung von § 32 StGB[203].

Dieses Ergebnis bedarf der Prüfung bei zeitlichen Unterbrechungen zwischen Provokation und Angriff[204]. Der Regelfall, dass der Täter einen Spontanangriff provoziert, um sogleich den gewünschten, z.B. tödlichen Erfolg herzustellen, ist nach diesem Muster zu lösen. Im Gegensatz dazu entfällt die Notwehrprüfung nicht, wenn der Angriff die Planerwartung des Täters überschreitet und eine schwerere Abwehr erforderlich wird, als dies vom Täter in Aussicht genommen war (A wollte B unter dem Deckmantel der Notwehr prügeln, doch machte dessen unerwartet kräftiger Angriff die Tötung erforderlich). Eine Absichtsprovokation

---

203. Ähnlich LK-Hirsch, Rn. 62. vor § 32; NK-Paeffgen, Rn. 146, zu vor § 32; vgl. BGH NJW 1983, 2267. – Für eine Behandlung im Rahmen der Einschränkungslösung Jescheck-Weigend, AT, § 32, III, 3 a, S. 346, Kühl, Jura 1991, 178.

204. Vgl. oben 1. Kap., III, 2.

im eben beschriebenen Sinne liegt hier gerade nicht vor; die rechtliche Behandlung ist nach dem Einschränkungsmodell die Zumutung der Flucht oder den hinhaltenden Verteidigung; nach der Lehre von der a.i.i.c. ist der Vorsatz zu verneinen und aus der Provokation das Pflichtmodell einer fahrlässigen Tötung zu entwickeln.

Nicht einheitlich zu beurteilen sind die Fälle, in denen die Provokation und der Angriff räumlich-zeitlich deutlich voneinander getrennt sind. Es wurde schon gezeigt, das solche Unterbrechungen schon den objektiven Zurechnungszusammenhang nicht notwendig aufheben. Im Mittel – Zweck – Zusammenhang zwischen Provokation und notwehrgetarnter Tat wird diese Beziehung unterstützt. Die in der Rechtsprechung nicht selten begegnenden Fälle, in denen der Täter den Platz der provokativen Auseinandersetzung verlässt, um vielleicht sogar überlegen bewaffnet die Gelegenheit zur neuen Auseinandersetzung und zum gewünschten tatbestandsmäßigen Erfolg aufzusuchen, sind teilweise als Tötungs(usw.)-Akte der Scheinnotwehr aufzufassen. Allerdings ist zu differenzieren: Der Plan der Notwehrtarnung muss vor oder mindestens bei der Provokation gefasst worden sein. Ein nachträgliches Ausnutzen der ohne diesen Plan geschaffenen Provokationslage wäre als dolus subsequens nicht mehr geeignet, den Finalzusammenhang und das einheitliche Delikt zu stiften. Eine solche Fallgestaltung führt dann möglicherweise wieder in das Bewertungsmodell von Notwehr und provokationsbedingt eingeschränkter Notwehr hinein. Grundsätzlich aber ist eine räumliche und zeitliche Unterbrechung kein Grund, eine Scheinnotwehr bei vorbedachter und vorbeschlossener Planung abzulehnen. Eine Rechtfertigung kommt dann auch nach dem Einschränkungsmodell nicht in Betracht.

2. Andere Vorsatzprovokationen

Wenn Provokation und Notwehr durch die Finalität von Mittel und Zweck nicht verbunden werden, ist die subjektive Tatseite zwischen einer vorsätzlichen, aber nicht absichtlichen Provokation auf der einen und der Verteidigungshandlung auf der anderen Seite unterbrochen. Wer den Angriff als Folge seiner Provokation nur für möglich hält und ihn in Kauf nimmt, ohne dass es ihm darauf ankommt, der macht die Notwehrverteidigung nicht zum Instrument einer Schädigung des Provozierten. Hat der Adressat der Provokation in der Form eines rechtswidrigen Angriffs reagiert, so behält der Provokateur das Notwehrrecht, aber nur in der reduzierten Weise des Einschränkungsmodells. Für die praktisch häufigsten Fälle der bedingt vorsätzlichen Provokation ist in diesem Sinne zu verfahren. Auch bei den – seltenen – Fällen des direkten Vorsatzes 2. Grades dürfte die Notwehrfrage ebenso zu lösen sein. Auch bei ihnen dient die Notwehr nicht der Tarnung, auch wenn der Täter in der Verfolgung seines außertatbestandlichen Handlungsziels die Notwehrlage als unausweichliche Folge seiner Provokation vor Augen hatte[205].

3. Fahrlässige Provokation

Es versteht sich, dass unvorsätzliche Provokationen auf den Verteidigungswillen und das Rechtfertigungsbewusstsein keinen Einfluss haben. Hier muss eine angemessene Lösung des Provokationsproblems auf anderem Wege, etwa dem der Einschränkungslösung, gesucht werden.

4. Absichtsprovokation und fahrlässige Tat

Der Fall BGHSt 25, 229 hat die Rechtsfrage zum Gegenstand, ob die Rechtfertigung durch Notwehr scheitert, wenn der Täter zwar die objektiven Notwehrvoraussetzungen erfüllt, aber beim Versuch, mit einem milderen Mittel, als ihm erlaubt wäre, eine schwere Folge zu vermeiden, eben diese Folge aus Versehen doch herbeiführt:

> Der Angekl. wurde durch eine Gruppe aggressiver Raufbolde bedrängt. Er feuerte einen ersten Warnschuss in die Luft und wollte, als die Angreifer sich nicht abschrecken ließen, vor ihre Füße in den Boden schießen. Versehentlich geriet er schon vorher an den Abzug und traf einen Angreifer tödlich.

Die Vorinstanz hatte wegen fehlenden Verteidigungsvorsatzes die Rechtfertigung verneint; der BGH spricht mit einer formalistischen Begründung frei: Durch Notwehr gerechtfertigt sei auch derjenige, der den fahrlässig herbeigeführten Erfolg nach den Maßstäben der Erforderlichkeit vorsätzlich hätte herbeiführen dürfen. Es ist also nur ein erst-recht-Schluss ohne inhaltliche Substanz, die den BGH zum – gewiss richtigen – Ergebnis führt. In der Literatur werden verschiedene Begründungen vorgetragen. Am weitesten geht Schaffstein, der bei Fahrlässigkeit auf das Verteidigungsbewusstsein ganz verzichten möchte[206]. Nach h.M. ist ein allgemeiner Abwehrwille ausreichend; der Täter muss um der Abwehr des Angriffs willen handeln, doch braucht sein Handeln in der Ausführung nicht final in jedem Schritt gesteuert zu sein. Nach dieser Ansicht wäre der Angekl. gerechtfertigt, denn mit

205. Beispiel: Der Täter A hält dem B einen Diebstahl vor, von dem er weiß, dass B ihn darauf körperlich angreifen wird. Er nimmt die als sicher bei der Verteidigung vorhergesehene Verletzung des B in Kauf, weil er glaubt, der wirkliche Dieb C werde sich durch Parteinahme verraten.

206. Schaffstein, in Welzel-FS. S. 557 ff.

dem zweiten, versehentlich gelösten Schuss verband der Täter im Gesamtrahmen doch Abwehrtendenzen[207].

Der Fall lässt sich abwandeln, so dass eine Provokationsthematik erscheint:

> A hat die Gruppe durch eine provozierende Beschimpfung absichtlich zum Angriff auf sich gelenkt, um mit dem Schuss einen Angreifer zu töten. Der tödliche Schuss, den sich der Täter für eine engere Distanz aufgespart hatte , wurde versehentlich (wie im Original-Fall) schon vorher ausgelöst.

Betrachtet man nur das Notwehrgeschehen, dann ist eine fahrlässige Tötung anzunehmen, die nach den Erforderlichkeitsvoraussetzungen des BGH-Falles gerechtfertigt wäre. Hätte der Täter den tödlichen Schuss zu dem von ihm gewählten Zeitpunkt und *erfolgreich* abgefeuert, dann läge eine Absichtsprovokation vor. Bei einer solchen Abwandlung des Falles wäre also eine Scheinnotwehr anzunehmen und die Rechtfertigung von vornherein ausgeschlossen. Wenn die Handlung „verunglückt" und nur fahrlässig zum allerdings gewünschten Erfolg führt, dann eröffnet die vorsätzliche Provokation als tatbestandsmäßiges Handlungsstück die Möglichkeit, den Verlauf nach den Maßstäben der Kausalabweichung zu betrachten. Der Rechtfertigungsaspekt wird im Absichtszusammenhang zwischen der auf Tötung gerichteten Provokation und dem Tötungserfolg als nur der Tarnung dienend verdrängt, und so greifen die allgemeinen Behandlungsregeln beim Vorsatzdelikt ein: Die kleine zeitliche Veränderung zwischen tatsächlich tödlichem und tödlich geplantem Schuss ist als unwesentliche Kausalabweichung zu vernachlässigen. Der Täter haftet wegen vorsätzlicher Tötung[208].

---

207. Jescheck-Weigend, § 32, II, 2 c, S. 344.

208. Jescheck-Weigend, AT, § 29, V, 6 b, S. 312; auf die zahlreichen Streitfragen ist hier nicht einzugehen.

5. Kapitel:
Die Legitimation der Einschränkungslösung bei Provokation

I. Abwägungsprobleme

Es geht in diesem Kapitel um die Frage, ob das Einschränkungsmodell mit den Prinzipien und dem Text der Notwehrvorschrift vereinbar ist, ob also die Prinzipien, die für dieses Modell herangezogen werden, insbesondere das Verhältnis von Individualschutzprinzip und Rechtsbewährungsprinzip, die Einschränkungslösung schlüssig begründen können. Sodann ist zu untersuchen, ob die Einschränkung des Notwehrparagraphen nach rechtsstaatlichen Grundsätzen und den Grundgedanken der Rechtsfertigungslehre legitim ist.

1. Zusammenfassende Darstellung des Einschränkungsmodells

Die Einschränkung des Notwehrrechts setzt voraus, dass der Täter nach den Merkmalen der Notwehr, wie sie im Text des § 32 StGB erscheinen, gerechtfertigt wäre. Der Täter muss also das schonendste Mittel der Verteidigung ausgewählt haben, darf dann aber den Angriff sofort, endgültig und ohne eigenes Risiko zurückschlagen.

Bei den Fallgruppen der psychischen Defektlage beim Angreifer, der Nähebeziehung zwischen Täter und Angreifer und vor allem auch der Provokation des Angriffs wird eine solche Rechtfertigung jedoch in Frage gestellt und unter einschränkende Bedingungen gesetzt. Die Rechtsprechung legt dem Täter mehr Zurückhaltung bei der Abwehr auf als in anderen Notwehrfällen. Verlangt ist

die *Flucht,* oder
die *hinhaltende Abwehr*, welche
    die *Übernahme eines Risikos* und
    die *Hinnahme leichter Verletzungen* einschließt.

Hat der Täter diese Bedingungen nicht erfüllt, hat er kein Notwehrrecht und ist wegen der jeweils begangenen tatbestandsmäßigen, rechtswidrigen Handlung zu bestrafen.

Bei Tötungsdelikten nach § 212 StGB bedeutet das eine Strafe von nicht unter 5 Jahren, wie in Fällen ohne Notwehrlage, deren Vorhandensein nur bei der Strafzumessung berücksichtigt werden kann[209].

Sind Flucht und hinhaltende Abwehrmaßnahmen nicht möglich, so bleibt dem Täter das reguläre Notwehrrecht. Hat der Täter sich eine angemessene Zeit vergeblich um eine hinhaltende Verteidigung bemüht oder ist der Fluchtversuch fehlgeschlagen, so wächst dem Täter das reguläre Notwehrrecht wieder zu[210].

2. Vergleich mit der a.i.i.c.-Lösung

Die a.i.i.c.-Lösung konnte darauf verweisen, dass sie eine elastischere Lösung bei Provokationsfällen anbietet[211]. Wenn die Provokation unvorsätzlich oder ohne Vorsatzzusammenhang mit dem Rechtfertigungsgeschehen erfolgte, kommt nur Fahrlässigkeitshaftung in Betracht (wenn es einen Fahrlässigkeitsbestand gibt). Hier ist die Einschränkungslösung also strenger. Bei vorsätzlicher Verteidigungshandlung haftet der Provokateur wegen einer Vorsatztat; auf Vorsatz oder Fahrlässigkeit bei der Provokation kommt es nicht an.

Strenger als die Einschränkungslösung ist die a.i.i.c.–Lösung, wenn die Zurechnung der tatbestandsmäßigen Folge zur pflichtwidrigen Provokation strafrechtliche Haftung nach sich zieht, während die Einschränkungslösung bei fehlender Möglichkeit der Flucht und der hinhaltenden Verteidigung auch bei noch so heftiger Provokation freisprechen muss[212].

Die Einschränkungslösung verfügt also über weniger Spielraum, um die Lösung dem Schuldgehalt der Provokation anzupassen. Nur die Tatsache der Provokation

209. Die Milderung nach § 213 StGB wird sehr selten bei Provokationsfällen Anwendung finden, auch wenn der rechtswidrige Angriff ebenfalls eine Provokation darstellt, die dem Provokationsbegriff nach § 213 entspricht. Sie muss aber unverschuldet sein, und das ist eben nicht der Fall, weil der Täter den Angriff durch sein aufreizendes Verhalten zu verantworten hatte. In Fällen einer fahrlässigen leichten Provokation und eines massiven Angriffs, bei Fällen grober Distanz zwischen Anlass und Reaktion mag § 213, 2. Alternative heranzuziehen sein.

210. Eine zusammenfassende Darstellung des Einschränkungsmodells findet sich bei Roxin, AT, § 15, VIII, Rn. 53 ff., S. 575 ff.

211. Vgl. Bertel, ZStW 84, 1, näher oben 3. Kap., Abschnitt III.

212. Außer bei Absichtsprovokation, mag man deren Strafbarkeit auf die Missbrauchsthese oder, wie oben vorgeschlagen (vgl. 4. Kap., Abschnitt III, 1.), auf den Absichtszusammenhang stützen.

eröffnet die Einschränkung, nicht deren Umfang und Schwere, die die Lehre von der a.i.i.c. immerhin nach der Vorsatz- und Fahrlässigkeitshaftung differenziert.

Vor der Beantwortung der Alternativfrage Rechtfertigung/Rechtswidrigkeit, also bei der Prüfung der Voraussetzungen einer Rechtfertigung gibt es aber Graduierungsspielräume auch in der Einschränkungslösung; möglicherweise sind sie der a.i.i.c.-Lösung überlegen. Die Fluchtmöglichkeit zwar, die der Provokateur ausnützen soll, ist ein nahezu kategorischer Begriff: Entweder kann die Flucht ergriffen werden oder nicht. Aber schon das Ausweichen vor dem Angriff und erst recht die hinhaltende Abwehr bieten Spielräume der Beurteilung, bei denen sogar eine besondere Form der Interessenabwägung stattfinden kann: Etwa zwischen dem Risiko des Angreifers und dem Risiko, das der Verteidiger wegen seiner Provokation auf sich nehmen muss. Auch die Zeit, nach welcher der Täter von der hinhaltenden Verteidigung zur uneingeschränkten Verteidigung übergehen darf, ist nach den Umständen des Einzelfalls differenzierbar[213].

Sogar eine mittelbare Rechtsgüterabwägung kann Einfluss gewinnen. Ist auf unmittelbar beendende („effektive") Abwehr zugunsten einer hinhaltenden Abwehr überhaupt zu verzichten, so kann sich die Phase der bloßen Schutzwehr verlängern, wenn die Beendigung nur durch Tötung zu erreichen wäre, eine tätliche Auseinandersetzung von gewisser Dauer aber zur Überwältigung des Gegners ohne Tötung und eigenes lebensbedrohendes Risiko geführt werden kann. Aber dabei dürfte die Art und das Ausmaß des Angriffs ebenfalls eine Rolle spielen. Dem mit einem Knüppel geführten Angriff darf der Täter auch im Einschränkungsrahmen nach Provokation schneller und massiver begegnen und schon bald das Messer nehmen, wenn der Gegner den Prügel noch längere Zeit weiterverwendet. Das Ausmaß des Schadens, das durch eine offensive, endgültige Beendigung des Angriffs angerichtet wird, muss der Täter bedenken und den Übergang dazu hinausschieben, wenn dadurch ein Zermürben des Gegners oder das Abwarten fremder Hilfe erreicht werden kann[214].

---

213. Vgl. dazu vor allem die Ausführungen des BGH im „Amateurboxer"-Fall (BGHSt 26.256) und im „Finnendolch"- Fall (BGHSt 24, 356).

214. Eine gewisse Typenbildung zeichnet sich in der Kommentarliteratur ab, vgl. SS/Lenckner-Perron, § 32, Rn. 58 ff.; Lackner-Kühl, § 32, Rn. 14; Tröndle- Fischer, § 32, Rn. 24.

II. Die zeitliche Struktur der Notwehrmerkmale im Provokationsfall

Bei der Anwendung strafrechtlicher Begriffe ist es wichtig zu beachten, dass diese Begriffe unterschiedliche zeitliche Strukturen haben können[215]. Beim ex-post-Urteil blicken wir auf einen chronologisch abgeschlossenen Verlauf zurück, gewissermaßen aus der richterlichen Perspektive. Beim ex-ante-Urteil geht es um ein Prognoseurteil. Man muss sich mit dem Täter in den Zeitpunkt der Handlungsvornahme zurückversetzen. Das, was im Augenblick der richterlichen Beurteilung längst Vergangenheit geworden ist, muss in das seinerzeit bestehende Verhältnis von Vergangenheit, Gegenwart und Zukunft zurückverwandelt werden, und zwar nach dem Blickwinkel des objektiven Dritten in der Situation des Täters. Tatsachen nach diesem Zeitpunkt, von denen man ex post weiß, dass sie eingetreten sind, müssen für das ex ante-Urteil noch als nicht existent und nur der Wahrscheinlichkeitsprognose zugänglich behandelt werden (objektivnachträgliche Prognose)[216].

Bei der Beurteilung der Notwehr und der Provokation finden sich unterschiedliche Strukturen vereinigt. Folgt man der h.L., so erfordert die Feststellung der Notwehrlage ein ex-post-Urteil[217]. Bei der Notwehrhandlung bedarf die (praktisch kaum bedeutsame) Geeignetheit unbestritten eines ex-ante-Urteils aus der Sicht des objektiven Dritten[218]; bei der Erforderlichkeit ist nach der Rechtsprechung und h.L. genauso zu verfahren[219]. Nach Lenckner[220] ist allerdings erforderlich, dass die gefahrerhöhenden und die Abwehrtauglichkeit des Mittels bestimmenden Umstände tatsächlich vorgelegen haben[221], was ein ergänzendes ex-post-Urteil über die Existenz der gefahrerhöhenden und die Abwehr bestimmenden Umstände voraussetzen dürfte. Wegen der sonst schwer zu ziehenden Grenze zum Erlaubni-

215.Vgl. Krümpelmann, Triffterer-FS 1996, S.137 ff., über ex-ante- und ex-post-Urteile, Risiko-Urteile und die objektiv nachträgliche Prognose.

216. Vgl. Jescheck-Weigend, a.a.O., S. 286.

217. Vgl. Roxin, AT, § 14, VIII, 3, Rn. 85 f., S. 535 f.- Nach Armin Kaufmann, in Welzel-FS, S. 401, der auf den reinen Handlungswert abhebt, ist auch ein ex-ante-Urteil aus der Sicht des objektiven Dritten erforderlich; die Frage braucht hier nicht entschieden zu werden (vgl. näher SS/Lenckner-Perron, § 32, Rn. 27).

218. Im Falle BGH NStZ 1983, 500, zerschlug der Angeklagte die Windschutzscheibe am Auto des Vaters seiner Freundin, um den starken, ihm überlegenen Mann von Tätlichkeiten gegen das Mädchen abzubringen. Der BGH nahm Rechtfertigung mit Rücksicht auf die gelungene Ablenkung an, untersucht aber die zeitliche Struktur der Geeignetheit dieses Mittels nicht. Nach SS/Lenckner-Perron, § 32 Rn. 35 (m. w. Nachw.) soll bei ex ante aussichtslosem Mittel die Eignung und damit die Rechtfertigung entfallen; vgl. auch Alwart, JuS 1996, 954.

219. BGH NJW 1969, 802; Jescheck-Weigend, AT, S. 343, m. w. Nachw.

220. SS/Lenckner- Perron, § 32, Rn. 36 a.

221. Vgl. SS/Lenckner, vor § 32, Rn.10, a, i.Vm. SS/Lenckner- Perron, § 32, Rn. 27, 34.

statbestandsirrtum und den Schwierigkeiten des Täters bei der Prüfung der durch den Angriff drohenden Gefahr erscheint dies als die angemessenere Lösung[222].

Bei Vorliegen einer Provokation ändert sich für die Einschränkungslösung die zeitliche Struktur des Rechtfertigungsurteils Bedingungen bei der Erforderlichkeit, insofern dem Täter die Flucht oder, für eine Zeitlang, die hinhaltende Verteidigung zugemutet wird. Die Notwehrlage entsteht mit dem Angriff, und dieser wiederum bestimmt das Entstehen und den Umfang der Verteidigungsbefugnis. Ist dem Täter die Flucht möglich, muss er sie ergreifen. Die zeitliche Beurteilung, ab welchem Zeitpunkt zwischen Provokation und gewählter Verteidigungshandlung der Täter für die Ermöglichung der versäumten Fluchtchance hätte sorgen müssen, ist fraglich. Man könnte an den Zeitpunkt schon unmittelbar nach der Provokation denken, aber auch den Zeitpunkt unmittelbar vor dem Entschluss zur Verteidigung, oder an irgendeinen anderen Zeitpunkt zwischen diesen beiden Extremen. An Beispielen: Der Täter, der einen Angriff als Reaktion der Provokation für möglich hält oder voraussehen konnte, müsste unmittelbar nach der Provokation schon prophylaktisch die Szene verlassen oder sonst wie ausweichen – es liegt nahe, dass eine Rechtfertigung dann praktisch nicht mehr in Betracht käme. Diskutabel wäre der Zeitpunkt des erkennbaren Angriffs oder der ihm nachfolgende Zeitpunkt unmittelbar vor der Verteidigungshandlung.

Ebenso ist es bei der Verpflichtung zur hinhaltenden Verteidigung. Man könnte das Ausmaß der dem Täter noch gestatteten Verteidigungsform schon ex ante, bezogen auf den Zeitpunkt unmittelbar nach der erfolgten Provokation, bestimmen; die Zeitpunkte unmittelbar vor dem Angriff oder aber erst unmittelbar vor der Verteidigung kommen ebenfalls in Betracht.

Für die Lehre von der a.i.i.c. beziehen sich alle diese Fragen auf die Provokation als die Handlung, die der Anknüpfungspunkt der objektiven Zurechnung wird, und auf die Frage nach deren Pflichtwidrigkeit[223]. Die Flucht, das Ausweichen und die hinhaltende Verteidigung gehören also zur Bestimmung der Pflichtalternative, aus deren Verletzung sich die Pflichtwidrigkeit des Provokationsverhaltens entwickelt. Sie sind daher aus der Perspektive ex ante zum Zeitpunkt der Provokationshandlung zu bestimmen[224]. Anders dürfte es bei den entsprechenden Urteilen im Rahmen der Einschränkungslösung sein. Da die Frage der Zurechnungs-

222. Sonst würde der Bereich des Erlaubnistatbestandsirrtums über die Stärke und Nachhaltigkeit des Angriffs zu sehr eingeschränkt und die Erforderlichkeitsprüfung auf eine pflichtmäßige Prüfung mit Irrtumsprivileg wie bei § 127 I StPO reduziert, vgl. Lenckner, a.a.O.

223. Kühl, AT, § 7, Rn. 210, 220, 242 ff.; vgl. auch Schünemann, JuS 1979, 279.

224. Vgl. oben 3. Kap., Text vor und nach Fn. 139.

konsequenzen der Provokationshandlung ausgespart ist und damit auch die Frage von deren (eventueller) Rechtswidrigkeit[225], ist die Zeit bis zur Durchführung der tatbestandsmäßigen Handlung, gleichzeitig der Verteidigungshandlung des Täters, strafrechtlich neutral: Erst im Augenblick vor der Tat und der Gelegenheit zu ihr konkretisiert sich in Bezug auf sie das Pflichtverhältnis. Armin Kaufmann hat diesen Zeitpunkt unmittelbar vor Begehung der tatbestandsmäßigen Handlung als „Pflichtlage" bezeichnet und als erste Pflicht eben die (alsbald versäumte) Pflicht zur Unterlassung der tatbestandsmäßigen Handlung bestimmt[226].

Der vergleichbare Strukturpunkt bei der Notwehr, die Pflichtlage also vor einer tatbestandsmäßigen Handlung, die zugleich als Verteidigungshandlung im Rahmen einer Notwehrprüfung in Betracht kommt, liegt zwischen Angriff und Verteidigung. Im Anschluss an Kaufmann soll sie hier als „Erlaubnislage" bezeichnet werden. In diesem Zeitpunkt entstehen die Pflichten, und die „Obliegenheiten"[227], das richtige Ausmaß der Erforderlichkeit zu treffen, d.h. das Abwehrmittel auf die schonendste Weise nach Stärke und Nachhaltigkeit des ex ante zu beurteilenden Angriffs auszuwählen und dabei den erlaubten Spielraum der Trias von Spontaneität, Effizienz und Risikofreiheit nicht zu überschreiten.

Alle diese Voraussetzungen hat der Täter erfüllt, wenn sich die Frage nach dem Einfluss der Provokation überhaupt stellt. Den Obliegenheiten aus der Erlaubnislage hätte er für den regulären Notwehrfall Genüge getan. Beim Provokationstäter verändert sich (im Aspekt der Einschränkungslösung) aber die Erlaubnislage durch die nachträgliche Berücksichtigung der ihr vorangehenden Ereignisse: Die Provokation wirkt sich nach Art, Umfang und mutmaßlichen Auswirkungen in der Bildung von besonderen Rücksichtnahmepflichten aus, deren Erfüllung über die Rechtfertigung der Verteidigungshandlung letztendlich entscheidet. Aus den zurückliegenden Ereignissen entsteht nunmehr der Basissachverhalt im Zeitpunkt der Erlaubnislage, der ex post festzustellen ist. Was die Lehre von der a.i.i.c. für den Zeitpunkt der Provokationshandlung nur im Wege der Prognose zu bestimmen hatte, also unter Ausblendung des später verwirklichten Tatsachenverlaufs zum Angriff, das bildet für die Erlaubnislage *nach* dem Angriff und insoweit ex

225. Im Fall einer Strafrechtswidrigkeit führt sie zu einer eigenen Strafbarkeit, die im Falle der Rechtfertigung der Verteidigungstat bestehen bleibt, im Falle von deren Nichtrechtfertigung in ein Konkurrenzverhältnis zu ihr tritt.

226. Armin Kaufmann, Normentheorie, 1954, S.138 ff., 170. Über die „Pflichtlage" bei der Bestimmung der Pflichtwidrigkeit beim Erfolgsdelikt vgl. Krümpelmann, in Triffterer-FS, 1996, S. 142 bei Anm. 100.

227. Im Anschluss an Hruschka, Strafrecht, S. 415 ff., wird der Ausdruck „Obliegenheiten" für die Bedingungen der Vornahme eines Verhaltens verwendet, das der Täter zulässiger Weise auch unterlassen dürfte (er darf, muss sich aber nicht verteidigen).

post, die Anknüpfungstatsachen für ein bevorstehendes pflichtmäßiges Verteidigungs-verhalten. Während die Lehre von der a.i.i.c. eine prognostisch entwickelte Pflichtbestimmung vorzunehmen hat, trifft die Einschränkungslösung ihr einschränkendes Urteil über die pflichtmäßige Verteidigung auf Grund einer zeitlich weiter entwickelten Tatsachenlage[228]. Stellt man der pflichtwidrigen Handlung des Provokationstäters nach der Lehre von der a.i.i.c. das hypothetische pflichtmäßige Alternativverhalten gegenüber, so hat man die Provokation aus dem Sachverhalt wegzudenken; dieses Wegdenken bezieht sich also auf den Zeitpunkt der Provokationshandlung. Beim Einschränkungsmodell knüpft die pflichtmäßige Alternative erst an den Zeitpunkt nach dem Angriff an und benennt die Alternativen der erfüllten Obliegenheiten der Flucht oder hinhaltenden Verteidigung.

III. Bewertungsprobleme im Hintergrund der Provokation bei Notwehr

Nach h.L. wird die Notwehr von zwei Prinzipien beherrscht, dem Individualschutzprinzip und dem Prinzip der Generalprävention. Bevor wir nach der Richtigkeit dieser Interpretation und dem Verhältnis der Prinzipien zueinander fragen, soll jedoch untersucht werden, wie diese Prinzipien bei § 32 StGB denn überhaupt funktionieren. Es wird sich zeigen, dass die Prinzipien auf zwei verschiedenen Ebenen wirken: Das Individualprinzip konkretisiert sich in die dem Eingriffsgut und dem Erhaltungsgut zu Grunde liegenden Rechtsgutsobjekte[229]. Die Generalprävention bleibt immer abstraktes Leitprinzip.

1. Individualschutzprinzip und Generalprävention

a. Individualschutzprinzip

Wie bei allen Notrechten geht es auch und gerade auch bei der Notwehr um eine Schlichtung der Kollision zwischen Erhaltungsgut und Eingriffsgut; das eine kann nur auf Kosten des anderen bewahrt werden. Die Rechtsgüter kollidieren aber

228. Freilich ist damit wieder eine Reihe von ex-ante-Urteilen in der Bestimmung dessen verbunden, *was* die pflichtmäßige Verteidigungsgrenze für den Täter ist, etwa über die Aussichten bei der Durchführung einer Flucht oder die Risikoverteilung bei einer hinhaltenden Verteidigung.

229. Wir folgen der Terminologie von Schmidhäuser, AT, 1975, 2/30 ff., der mit diesen Begriffen zwischen dem institutionellen Rechtsgut (z.B. Eigentum) und dem konkreten Rechtsgutobjekt (z.B. goldene Uhr) unterscheidet.

nicht in ihrer institutionellen Gestalt[230] –sie sind zeitlich-räumlich abstrakte Ideen – sondern in ihrer konkreten Verkörperung. Die Gegenstände in der Wohnung werden vor dem Einbrecher geschützt, der niedergeschlagen (Körperverletzung) wird. Alle Denkoperationen und Argumente, die im Bereich des Individualschutzprinzips entwickelt und gewechselt werden, finden auf der konkreten Ebene statt. Der Angriff muss sich auf ein konkretes Objekt richten; ein „Rechtsgutsobjekt", nicht auf das ideale „Rechtsgut" [231]; bei der Erforderlichkeit ist für die Auswahl des gelindesten Mittels nach den denkbaren Schäden zu fragen, die bei den einzelnen Handlungsalternativen entstehen[232].

b. Generalprävention

Die Generalprävention wird auch als Rechtsbewährungsinteresse, als Prinzip der Verteidigung der Rechtsordnung und noch anders umschrieben[233]. Das hat viele Missverständnisse geschaffen. Die Generalprävention hat mehrere Aspekte, darunter den der Abschreckung potentieller Rechtsbrecher. In dieser „negativen" Generalprävention sieht Renzikowski[234] den Schwerpunkt und glaubt, das generalpräventive Prinzip als Gestaltungsfaktor der Notwehr vor allem dadurch zu widerlegen, dass er den Abschreckungseffekt bei § 32 StGB (insoweit vielleicht mit Recht[235]) als unwesentliche Randerscheinung hinstellt. Damit ist aber nichts gewonnen, denn darauf kommt es nicht an.

Die Generalprävention ist, als positive Generalprävention oder besser mit Roxin als „Integrationsprävention"[236] bezeichnet, der Geltungsanspruch der Norm in der Gesellschaft, der durch Rechtsbrüche zwar naturalistisch nicht verletzt, aber als leitender Wert in seinem Ansehen gemindert würde, wenn nicht die Rechtsordnung durch Sanktionen und andere Mittel der Selbstdarstellung immer wieder das

230. Grundlegend Schmidhäuser, AT, 1975, 2/30 ff.

231. Schmidhäuser, a.a.O., 2/31; vgl. auch Jescheck-Weigend, a.a.O., S. 256 f.

232. Die Auswirkungen der Einschränkungslösung bei Provokation auf die Gestalt der Verteidigung haben es ebenfalls mit konkreten Sachverhaltsfragen zu tun. Rechtsgüter der Allgemeinheit brauchen nicht in Betracht gezogen zu werden, denn sie sind nach richtiger, heute ganz überwiegender Meinung nicht notwehrfähig. Auch sie wären in einem Notwehrsachverhalt auf ihre konkrete Erscheinungsform zurückzuführen.

233. Vgl. Jescheck-Weigend, § 8, II, 3 a, S. 68; § 32, I, 2, S. 337; Arzt, in Schaffstein-FS, S. 87; Renzikowski, Notstand, S. 79 ff., m. w. Nachw.

234. Renzikowski, a.a.O., S. 88 ff.; kritisch auch Mitsch, Straflose Provokation, S. 115 ff.

235. Renzikowski, S. 91, stützt sich auf empirische Angaben aus einer amerikanischen Untersuchung.

236. Roxin, in Bockelmann-FS, S. 305 f.; ders., AT, § 3, Rn. 27.

ungebrochene Ansehen der Norm zum Ausdruck brächte. Zu den Instrumenten, die dieser Wirkung dienen, zählt auch die Notwehr. Es geht nicht darum, dass der einzelne Notwehrtäter den Angreifer und (damit etwa andere zukünftige Rechtsbrecher) abschreckt, sondern dass er dem rechtswidrigen Angriff als Repräsentant des Rechtes und damit als Bürge für dessen Geltungskraft und Selbstbehauptung gegenüber steht[237]. Diese Beziehung ist symbolischer Art und von der konkreten Ausgestaltung und erfolgreichen oder erfolglosen konkreten Verteidigung unabhängig. Es kommt nicht darauf an, ob der konkrete Anspruch des Verteidigers, in seinen Rechten geschützt zu werden, durch eigenes Verhalten, insbesondere durch die Provokation, ganz oder teilweise verwirkt ist[238], denn um die Begriffsebene des individuellen Schutzes der Rechtsgutsobjekte geht es ja gar nicht. Im Begriff der Repräsentation steckt vielmehr, dass *derjenige, der* etwas repräsentiert, mit dem identifiziert werden kann, *was* er repräsentiert: Wer für die Rechtsordnung steht, muss rechtlich tadelfrei sein, sonst wird die Rechtsordnung nicht bestätigt, sondern zusätzlich in Frage gestellt. Der Provokant ist als Repräsentant der Rechtsordnung grundsätzlich diskreditiert[239]. Nicht überzeugen kann das Argument, die Rechtsbewährung könne für die Einschränkung oder den Verlust des Notwehrrechts bei Provokation nicht herangezogen werden, weil selbst der absichtlich provozierte Angreifer verpflichtet sei, der Provokation zu widerstehen und das Recht zu beachten[240], das daher der Bewährung bedürfe. Das steht ohnehin außer Frage; es geht ja nicht um die – unbestrittene – Rechtswidrigkeit des Angriffs, sondern darum, dass das Recht, das ihm gegenüber durch den Verteidiger vertreten wird, von einer rechtlich berufenen Instanz wahrgenommen wird. Der Provokateur kann noch eigene (insoweit legitime) Schutzinteressen vertreten; für die Rechtsordnung ist er kein legitimer Bürge mehr.

Eine Verwechselung der Ebenen zeigt sich aber auch bei dem Gedanken, die Geltungskraft der Rechtsordnung sei das Gut, das zusammen mit einem auch geringwertigen Erhaltungsgut immer das Übergewicht über ein noch so hochwertiges Eingriffsgut ergäbe. Hier zeigt sich exemplarisch, wie man die abstrakte Ebene der Rechtsgeltung mit der konkreten Verkörperung von Erhaltungsgut und Eingriffsgut in den konkreten Rechtsgutsobjekten verwechseln kann. Zwar lässt auch eine Güter- und Interessenabwägung viele Aspekte, auch solche unterschiedlicher Abstraktionsgrade zu. In der Güter- und Interessenabwägung nach §

---

237. Renzikowski, a.a.O., S. geht auf die positive Generalprävention nur am Rande und ohne Vertiefung ein.
238. Eine Verwirkung wird von der Literatur auch mit Recht bestritten, allenfalls mit der Ausnahme bei Absichtsprovokation, vgl. Nachweise bei Kühl, AT, Rn. 228 ff., 233.
239. Vgl. Roxin, ZStW 75, 580.
240. Neumannn, Zurechnung, S. 174; Kiefner, a.a.O., S. 33.

34 StGB sind z.B. der abstrakte Rang eines Rechtsguts (wie die körperliche Integrität als Schutzgut der §§ 223 ff. StGB) und der konkrete Schaden (wie die erlittene Gehirnerschütterung) Bemessungsfaktoren, doch dürfen bei der gegenseitigen Bezugnahme in der Güterabwägung nur Positionen der gleichen Ebene verglichen werden, also nicht etwa beim Erhaltungsgut „körperliche Integrität" („Eigentum" usw.) und beim Eingriffsgut „Gehirnerschütterung" („goldene Uhr" usw.), sondern beim Erhaltungsgut muss ebenfalls der konkrete drohende Schaden bezeichnet werden, z.B. „gebrochener Arm" oder „erhebliche Gesichtsverletzung". „Rechtsbewährung" kann also nicht einfach zu konkreten drohenden Schäden für das Erhaltungsgut hinzuaddiert werden, um einen Vergleich zwischen Körperverletzungen herzustellen, bei denen der Eingriffsschaden größer ist als der Erhaltungsnutzen.

Vergleicht man die Fallgruppe der Provokation mit den anderen Fallgruppen der sozialethischen Einschränkung, dann zeigt sich, dass trotz des gemeinsamen generalpräventiven Aspekts und des im Ergebnis gleichen Rechtsfolgemodells die Erscheinungsform des Verlustes an generalpräventivem Gehalt unterschiedlich ist[241]. Bei dem vorsatzlos oder schuldlos handelnden Angreifer und den anderen Fällen des Angreiferdefekts ist die Geltungskraft des Rechtes nicht oder nicht schwer durch die Rechtswidrigkeit des Angriffs in Frage gestellt[242]. Bei der Nähebeziehung zwischen Angreifer und Verteidiger ist es die Interferenz der Pflicht des Angreifers und der Rücksichtspflicht des Verteidigers[243], welche zur gegenseitig bewirkten Reduktion der Generalprävention führt, zusammen mit dem Gedanken, dass die private Sphäre sich vor die öffentliche Sphäre stellt, in welcher allein die Generalprävention ihre integrierende Funktion entfalten soll.

Bei der Provokation ist die Notwendigkeit, die Rechtsgeltung gegen den rechtswidrigen Angriff zur Geltung zu bringen, nicht in Frage gestellt, und zwar bei keiner Form der Provokation. Selbst der verwirkte Schutzbedarf bei der Absichtsprovokation ändert diesen Befund nicht, denn die Verwirkung betrifft allein den Individualschutz des Verteidigers. Bei der Provokation ist nicht die Rechtsordnung, die verteidigt werden soll und deren Verteidigungsbedürftigkeit wie gesagt ungemindert ist, sondern der Verteidiger, der sie schützen soll, der Grund für den Wegfall oder die Abschwächung der generalpräventiven Komponente, denn er ist als stellvertretende Instanz der Rechtsgarantie disqualifiziert.

241. Zu den Unterschieden zwischen der Provokation und den anderen Fallgruppen der sozialethischen Einschränkung vgl. Kühl, AT, § 7, Rn. 209; ders., Jura 1991, 58.
242. Vgl. Roxin, AT, § 15, Rn. 55, 81.
243. Auch der Garantengedanke wird hier herangezogen, vgl. Roxin, a.a.O., Rn. 81.

Unter diesem Aspekt müssen auch die wechselnden Gestaltungen bei der Nothilfe behandelt werden[244]. Denkbar ist, dass der von der Nothilfe Unterstützte (der Adressat des Angriffs), die Provokation begangen hat, an welcher der Nothelfer nicht beteiligt war. Denkbar ist auch, dass der Nothelfer den Angriff auf den Unterstützten provoziert hatte, der seinerseits nicht in die Provokation verwickelt war. Nach Lenckner[245] soll es darauf ankommen, dass den Träger des angegriffenen Guts kein Vorwurf der Provokation trifft. Der provokante Nothelfer wäre daher ohne Einschränkung berechtigt, Hilfe zu leisten, er brauchte bei der Auseinandersetzung mit dem Angreifer kein Risiko einzugehen, er brauchte keine Hilfe zu holen, auch wenn sie rechtszeitig käme, und er brauchte nicht zu fliehen. Dagegen müsste der Verteidiger desjenigen, der die Notwehr provoziert hatte, die Risiken und Obliegenheiten der Verteidigung bei eingeschränkter Notwehr auf sich nehmen. Grundsätzlich müsste er auch fliehen, was aber aus sachlichen Notwendigkeiten ausscheiden dürfte: Bei Nothilfe fliehen heißt keine Nothilfe leisten. Ein Verbot der Nothilfe folgt aber nicht aus den Einschränkungsregeln bei Provokation.

Der Meinung Lenckners ist aber nicht zu folgen. Wenn es auf die Redlichkeit des Verteidigers für die Garantie der Rechtsordnung ankommt, ist es nämlich nahezu umgekehrt: Dann hat der nicht provozierende Nothelfer des angegriffenen Provokateurs das uneingeschränkte Notwehrrecht auf risikofreie Verteidigung; dem Unrecht des Angreifers braucht er in seiner Beschützerrolle nicht zu weichen[246].

Hat der Nothelfer selbst provoziert, treffen ihn auch bei der Nothilfe die Lasten der sozialethischen Einschränkung. Zwar hat der Provokateur den Angriff und die Notwehrlage verursacht, aber die Notwehreinschränkung wegen Provokation soll dem Provozierten zugute kommen; an den Unterstützten ist dabei nicht gedacht. Dass der Unterstützte keinen „vollwertigen" Verteidiger findet und ihm gegenüber der Schaden der Provokation nicht ausgeglichen wird, ist seine Risikosphäre. Eine Flucht allerdings käme auch hier dem Verzicht auf Nothilfe gleich, zu dem das Einschränkungsmodell nicht zwingt. Insgesamt hat eine solche Behandlung der Nothilfefrage nicht nur das richtig verstandene Prinzip der Repräsentanz der Rechtsbewährung für sich; sie befriedigt auch im Ergebnis mehr.

---

244. Vgl. dazu Bitzilekis, Die neue Tendenz zur Einschränkung des Notwehrrechts, S. 193.

245. SS/Lenckner-Perron, § 32, Rn. 61 a.

246. Anders nur, wenn er als Gehilfe des in eingeschränkter Notwehr sich selbst verteidigenden Provokateurs auftritt; hier setzt sich die Akzessorität der Teilnahme durch, insoweit zutreffend Lenckner, SS/Lenckner-Perron, a.a.O.

c. Das Verhältnis der Prinzipien zueinander

Das generalpräventive Prinzip zusammen mit dem Individualschutzprinzip gestaltet die Regelung des Notwehrrechts. Die prinzipielle Bedeutung des Individualschutzes wird in diesem Zusammenhang kaum in Frage gestellt. Gegen die eindimensionale Sicht *allein* aus generalpräventiver Perspektive sprechen erhebliche Gründe[247]. Auch wenn man mit Schmidhäuser die Alleinherrschaft des Rechtsbewährungsprinzips als „Verteidigung der empirischen Rechtsordnung" annimmt, ist das Recht auf Verteidigung der individuellen Interessen darin jedenfalls als Reflexwirkung mitenthalten[248]. Nach bestrittener, aber wohl richtiger Ansicht ist die Notwehr eine Spezialform des rechtfertigenden Notstandes[249], deren Spezialität darauf beruht, dass zum Individualschutzgehalt des § 34 StGB die Rechtsbewährung tritt. Die Rechtsbewährung muss sich aber durch individuelle Einzelrechte vermitteln, sie wäre sonst ohne Fundament[250]. Wenn die Vorschrift wirklich nur dem Allgemeininteresse dienen würde, wäre auch nicht verständlich, dass § 32 StGB keine Rechtsgüter der Allgemeinheit als notwehrfähig anerkennt[251].

Auch die Notwehrvorschrift geht also wie der Notstand von der Kollision von Individualinteressen (Eingriffs- und Erhaltungsgut) aus. Gegenüber der Notstandsregelung versieht § 32 StGB die Kollisionsregelung aber mit einer anderen Lösung, weil der Täter zur Unterstützung des Rechts gegen den rechtswidrigen Angriff tätig wird, da der rechtswidrige Angriff anders als bei der Notstandssituation eine Herausforderung der Rechtsordnung ist. Das entspricht der h.L.

Die Einschränkung des Notwehrrechts kann aber nicht so weit gehen, dass beim Wegfall des generalpräventiven Aspekts das Lösungsmodell des rechtfertigenden Notstandes eingriffe, also eine Güterabwägung nach dem Modell des § 34 StGB stattzufinden hätte. Auch der Individualschutz ist die Auseinandersetzung zwischen dem Träger des rechtswidrig angegriffenen Erhaltungsobjekts und des rechtswidrig angreifenden Trägers des Eingriffsobjekts. Das ist für die Platzierung in § 32 StGB entscheidend, auch wenn der generalpräventive Aspekt zurücktritt. Dem Täter wird nicht das Notwehr genommen, sondern ihm werden bestimmte Rücksichten aus dem Pflichtenkreis im Umgang von Individualpersonen miteinander auferlegt, deren Vernachlässigung das Eintreten für die Rechtsordnung er-

247. Vgl. Jescheck-Weigend, AT, S. 337.
248. Schmidhäuser, AT, 1975, S. 340 ff.
249. Vgl. Roxin, AT, § 14, Rn. 47, m. w. N.
250. Vgl. Jescheck-Weigend, AT, S. 337: „Das Allgemeininteresse an der Wahrung der Rechtsordnung tritt also allein durch das Medium des Einzelrechtsschutzes in Erscheinung."
251. Worin Renzikowski und andere ja ein Hauptargument gegen den generalpräventiven Aspekt bei der Notwehr sehen; vgl. oben, 2. Kap., Fn. 78.

laubt hätte. Die Einschränkung der Notwehr bei Verlust der generalpräventiven Komponente unter Obliegenheiten der Rücksichtnahme ist also sachgerecht. Inhaltlich ist dem Einschränkungsmodell gerade auch bei der Provokation zuzustimmen[252].

2. Die Qualifizierung des Zusammenhangs von Provokationsverhalten und Angriff

a. Provokation und Adäquanz-Zusammenhang

Die Rechtsbewährung ist ein abstraktes Prinzip und steigert oder mindert sich mit den Besonderheiten des Einzelfalles nicht. Mindestens für den Provokateur gilt, dass er seine Repräsentanz für die Rechtsordnung nur ganz oder gar nicht, aber nicht mehr oder weniger besitzt. Ist der Verteidiger Provokateur, und kommt er infolge des tadelnswerten provokanten Verhaltens als Bürge der Rechtsordnung nicht mehr in Betracht, dann verliert er sein uneingeschränktes Notwehrrecht; nur in den Grenzen, die ihm der Individualschutz lässt, bleibt es ihm erhalten. Wenn er nicht flieht oder bei Unmöglichkeit des Ausweichens sich nicht eine angemessene Zeit hinhaltend und unter Hinnahme von Risiken und leichten Verletzungen verteidigt, so kostet ihn das die Rechtfertigung. Der Vorwurf einer allzu starren Regelung ist angesichts vieler möglicher Grenzfälle nicht von der Hand zu weisen. Begegnet der Täter nach einer leichten Provokation einem sehr heftigen Angriff, dem er nicht ausweichen kann, und trifft ihn ein auch nur leichter Vorwurf, die Zeit bis zum Übergang zu scharfen Verteidigungsformen nicht angemessen genutzt zu haben, so kostet ihn das die Rechtfertigung. Bei der praktischen Anwendung mag sich das Problem angesichts der relativen Unbestimmtheit mancher Voraussetzungen der Obliegenheiten („angemessener" Zeitraum) abmildern, doch ist es damit nicht gelöst. Die Einschränkung des vollen Notwehrrechts nach dem Ausmaß der Provokation zu relativieren oder gar einen Ermessensspielraum einzuräumen, kommt selbstverständlich nicht in Betracht.

Auch diese Überlegungen führen dazu, den Begriff vorwerfbarer Provokation nicht aus dem für sich beurteilten veranlassenden Verhalten zu gewinnen und die

---

252. Das wird durch folgende Überlegung unterstützt: Ein Erlaubnistatbestandsirrtum, der nicht auf pflichtwidriger Verkennung der Sachlage beruht, ist nach heute im Vordringen befindlicher Meinung analog § 228 BGB, also nach Notstandsrecht zu behandeln; vgl. Hirsch, in Dreher-FS, S. 223 ff.; Roxin, AT, § 14, IV, Rn. 14 f., S. 556 f. Auch hier wird man in die Interessenabwägung die Frage einbeziehen müssen, ob der Täter dem Angriff ausweichen oder durch hinhaltende Abwehr reagieren konnte, denn bei nicht pflichtwidrigen Verhalten kann der Angreifer nicht schlechter gestellt werden als bei fahrlässiger Putativnotwehr, bei der die Einschränkungslösung gilt (Defektlage des Angreifers).

Lösung etwa darin zu finden, dass die Provokation auf rechtswidriges, oder sogar strafrechtswidriges Verhalten zu beschränken wäre[253]. Wie an anderer Stelle ausgeführt wurde, ist das zu eng, da gerade besonders wirksame und abgefeimte Mechanismen der Provokation damit gekappt wären[254].

Das Provokationsverhalten für sich betrachtet hat als Anknüpfungspunkt einer „Einschränkung der Einschränkung" Bedeutung nur in den Fällen, in denen das Verhalten erlaubt ist („Baracken"-Fall; Amtshandlungen usw.) oder in denen die Provokation schuldlos erfolgte.

Der geeignete Ansatzpunkt für die „Einschränkung der Einschränkung" ist vielmehr der Adäquanz-Zusammenhang zwischen dem Verhalten des Täters und dem Angriffsverhalten des Gegners. Dieser Zusammenhang nimmt am prinzipiellen Gehalt des Rechtsbewährungsprinzips nicht teil und ist graduierbar. Meist wird der Adäquanz-Zusammenhang darin definiert, dass ein Kausalzusammenhang zwischen dem Verhalten und dem Erfolg nicht „außerhalb aller Wahrscheinlichkeit" liegen dürfe. Diese Formel ist für den hier verfolgten Einschränkungszweck viel zu eng[255]. Aber die Adäquanz ist auf eine Formulierung nach der unteren statistischen Grenzlage auch nicht angewiesen. Im Zusammenhang der Notwehrprovokation bedarf es der Beziehung auf einen hohen Wahrscheinlichkeitsgrad. Dabei kann es nicht auf die psychologische Beziehung von Provokation, Affekt und Angriff ankommen, die freilich immer vorauszusetzen ist, sondern auf deren normative Beurteilung nach objektivem Dritturteil. Es handelt sich um ein ex-post-Urteil für den Zeitpunkt zwischen Angriff und Verteidigungsverhalten, denn in dieser „Erlaubnislage" ist die Strategie der Reaktion auf den Angriff auszurichten, und hier ist das Ausmaß und die Art des Zusammenhanges zwischen Vorverhalten und Angriff schon abgeschlossen und einsehbar. Für die Annahme einer „Provokation" und ihrer einschränkenden Auswirkungen auf das Verteidigungsrecht aber ist es erforderlich, die allgemeine Adäquanz-Formel umzukehren und zu verlangen, dass ein Angriff und sein Ausmaß nach der Lebenserfahrung mit hoher Wahrscheinlichkeit zu erwarten stand[256].

---

253. Vgl. Jescheck-Weigend, AT, § 32, III, 3 a, S. 347; Roxin, AT, § 15, VIII, Rn. 69, S. 584.

254. Vgl. oben 2. Kap., Text vor Fn. 130; 3. Kap., Text nach Fn. 158.

255. Sie geht aus der früheren Konzeption der Adäquanztheorie als einer Kausaltheorie und der heute noch hauptsächlich geübten Funktion der Korrektur der Äquivalenzkausalität hervor, vgl. Ebert-Kühl, Jura 1979, 561 ff.; Jescheck-Weigend, AT, § 28, III, 2, S. 285.

256. Eine vergleichbare Umkehr der Adäquanzformel findet sich auch trotz mancher umschreibender Techniken im Kern bei der Zurechnung des erfolgsqualifizierten Delikts, vgl. Wessels-Hettinger, BT 1, § 5, V, 1, Rn. 297 ff., S. 75 ff.

Der Einwand, der Zurechnungszusammenhang sei bei Eintritt einer freiwillig handelnden Person unterbrochen, auf den schon wiederholt eingegangen wurde, trifft bei einem ex-post-Urteil nicht zu. Die Erlaubnislage des Täters liegt zwischen dem Angriff und dem zu beschließenden Verteidigungsverhalten. Der Angriff ist der Erfolg, der aus dem Vorverhalten als möglicher Provokationserfolg resultiert, er liegt also schon zurück und ist der Beurteilung des Täters für die Einrichtung seines bevorstehenden Verteidigungsverhaltens unterbreitet[257]. Die Unsicherheit bezüglich des Zustandekommens ist also jetzt durch die Wirklichkeit schon überholt[258].

b. Beispiele

Die Diskussion der Notwehrprovokation wurde in neuer Zeit vor allem durch die Kritik am „Baracken"-Fall eröffnet[259]:

> Der Angekl. und der später getötete B waren Bewohner eines Barackenlagers, das B durch seine alkoholischen und gewalttätigen Exzesse immer wieder tyrannisiert hatte. Nach einem von B verursachten Streit lauerte B dem A vor seiner Wohnungstür auf, um ihn weiter zu drangsalieren. Der Angekl. hatte sich inzwischen ein Beil besorgt. Als B den Angekl. hindern wollte, in seine Wohnung zu gehen, fügte ihm der Angekl. eine tödliche Verletzung mit dem Beil zu.

Der BGH statuierte eine Pflicht des Täters abzuwarten, bis ihm sein Gegner den Weg in seine Wohnung freigeben werde, und lehnte eine Rechtfertigung wegen Versäumnisses dieser Pflicht ab. Die Literatur kritisierte den entscheidenden Punkt: Der Täter übte erlaubtes Verhalten aus; der Weg in die eigene Wohn-Baracke dürfte ihm nicht verwehrt werden.[260] Wir haben hier den Fall, dass schon am Vorverhalten, nicht erst über den Adäquanz–Zusammenhang, der Provokationsfall ausgeschlossen werden muss. Trotz der berechtigten Kritik an der Ablehnung der Notwehr hat der Fall seine bedenklichen Seiten: Der Adäquanz-Zusammenhang ist deutlich gegeben, wie die Vorgeschichte zeigt: Täter und Angreifer waren verfeindet, hatten vorher schon eine Auseinandersetzung gehabt; dem Täter war auch bewusst, dass sein Feind ihm auflauerte und nur auf sein

257. Allerdings zunächst im Urteil eines objektiven Dritten.

258. Es sei zugestanden, dass damit nur die wichtigste, aber nicht jede Unsicherheit vermieden ist: Der Angriff mag viele Mit-Ursachen in der Sphäre des Angreifers oder von dritter Person haben, unter denen das Vorverhalten des Täters als weniger bedeutsam untergehen mag. Aber auch das ist dem Rückblick des ex-post-Urteils zugänglich.

259. BGH NJW 1962, 308; vgl. oben 2. Kap., Text bei Fn. 121.

260. Vgl. Roxin, AT, § 32, VIII, Rn. 67 m. w. Nachw.

Wiedererscheinen wartete. Wir haben es mit einer Unterbrechung zwischen der ersten Auseinandersetzung und dem Notwehrgeschehen zu tun, und hier in der Weise, dass der Täter die Pause nützt, um sich für den Gegner unerwartet mit einer überlegenen Waffe auszurüsten. Hier war aber der Täter in seinem Wohnrecht, also seinem benötigten Lebensraum beeinträchtigt; das Risiko einer Auseinandersetzung war ihm erlaubt. Dies hätte die Anerkennung der Notwehr nach sich ziehen müssen.

Anders liegt dieser Punkt im folgenden „Gastwirtschafts"-Fall[261]:

> Der Angekl. S hatte in einer Gastwirtschaft seinen Freund, den Mitangekl. Sch., vor den Tätlichkeiten der später getöteten E und I beschützen wollen und war von diesen „ohne rechtfertigenden Grund niedergeschlagen worden". Die herbeigerufene Polizei schickte die Angekl. S und Sch. wegen ihrer Alkoholisierung nach Hause; sie könnten ja am nächsten Tag Anzeige erstatten. Aus Zorn über die Niederlage entschlossen sich die beiden, in die Wirtschaft zurückzukehren, nachdem sich S mit einem geladenen Revolver versehen hatte. Als der Angekl. S. den E und den I in der Wirtschaft energisch, nicht provozierend, ansprach, gingen diese wieder zu Tätlichkeiten über und warfen S zu Boden. Ihm drohten weitere Verletzungen, denen er durch tödliche Revolverschüsse auf E und I zuvorkam.

Betrachtet man die erste Auseinandersetzung in der Wirtschaft unter dem Gesichtspunkt der Provokation, dann teilt der Fall mit dem „Baracken"-Fall die Unterbrechung zwischen Vorverhalten und Notwehrgeschehen. Gemeinsam ist auch, dass sich der Täter in der Pause mit einer Waffe aufrüstet. Die Rückkehr ist unter diesen Umständen äußerst affektträchtig, so dass zwischen dem Wiedererscheinen und dem Ausbruch des Kampfes ein hoher Wahrscheinlichkeitsgrad bestand. Dagegen besteht nach dem polizeilichen Einschreiten, wonach der Angekl. und sein Freund nach Hause verwiesen wurden, keine gesteigerte Wahrscheinlichkeit eines weiteren Zusammentreffens mit Angriffsfolge, jedenfalls nicht aus der Sicht eines objektiven Dritten. Das Vorgeschehen beim ersten Wirtshausbesuch verlangt daher keine Notwehreinschränkung wegen einer denkbaren Provokation[262], denn die qualifizierte Adäquanz–Beziehung fehlt. Das Wiederbetreten des Gasthauses bereitet die größeren Schwierigkeiten. Zwar ist das Betreten eines Wirtshauses für sich natürlich eine erlaubte Verhaltensweise, sodass schon aus diesem Grunde eine Provokation mit Einschränkungsfolge zu verneinen wäre. Der Unterschied zum vorigen Fall liegt darin, dass ein berechtigtes Interesse an dem wiederholten, „riskanten" Gasthausbesuch nicht ersichtlich ist. Neutrales Verhalten kann pflicht-

261. BGH JR 1984, 205; Vgl. oben 2. Kap., Text vor Fn. 122.
262. Außerdem traf die Angeklagten wohl kein Verschulden an der Auseinandersetzung.

widrig werden, wenn es die Gefahr tatbestandsmäßiger Folgen erwarten lässt und ein erlaubtes Risiko wegen eines sozial anerkannten Zwecks nicht eingeräumt wird. So ist es bei der Pflichtwidrigkeit beim Fahrlässigkeitsdelikt; bei der Prüfung eines Vorverha tens auf seinen provokativen Gehalt ist es nicht anders. Trotz der Neutralität lassen sich im Sachverhalt gute Gründe finden, dass schon das Wiedererscheinen im Wirtshaus nur als Provokation aufgefasst werden konnte. Dem Täter stünde dann nur ein eingeschränktes Notwehrrecht zur Verfügung. Wenn der Freispruch dennoch überzeugt, so liegt das am Folgegeschehen, dem exzessiven nachhaltigen Angriff des Gegners, in dessen Abwehr, und zwar in einer aktuellen ernsten Gefahrenlage (er lag auf dem Boden und wurde von beiden Gegnern geschlagen), erst der Angekl. die mitgenommene Pistole benutzte. Der Fall zeigt jedoch, dass nach den Umständen des Falles ein neutrales, aber angriffsförderndes Verhalten allein aus dem Zusammenhang qualifizierter Adäquanz den Provokationsbegriff erfüllen kann.

Als problematisch hingegen erscheint die qualifizierte Adäquanz im „Turnschuh"-Fall[263], den der Bundesgerichtshof geradezu zum Musterbeispiel einer Bewertung nach der Einschränkungslösung stilisiert:

> Der Angeklagte A hatte einem Autofahrer, dem später getöteten B, mit dem Turnschuh leicht an die Karosserie des Wagens getreten. B war ausgestiegen und mit drohendem Gebrüll und mit drohenden Gesten hinter dem fliehenden A hergelaufen. A erkannte, dass B ihn bald einholen und verprügeln werde, ergriff seine doppelläufige Pistole und feuerte einen Schreckschuss auf B ab, durch den B sich aber nicht vertreiben ließ. Die letzte ihm noch verbleibende Kugel feuerte A auf den Oberkörper des B ab, dessen Tod er in Kauf nahm.

Eine qualifizierte Adäquanz-Beziehung ist schwerlich ableitbar. Die leichte Berührung des Autos mit dem Schuh erscheint als Bagatellverhalten, das eine Verfolgungsjagd unter schweren Drohungen nicht als naheliegend erscheinen lässt. Das Vorverhalten war im Vergleich zur Art und Weise des Angriffs nicht genügend ausgeprägt, um als Provokation die Einschränkung der Notwehr nach sich zu ziehen. Der Freispruch war daher zutreffend, hätte aber des Umweges über die Einschränkung der Notwehrlage und der Unausweichlichkeit bei Fehlschlag der Flucht nicht einmal bedurft. Auch bei Annahme einer eingeschränkten Notwehr ist der Freispruch allerdings zutreffend.

---

263. BGH NStZ 1991, 32, vgl. oben 2. Kap., Text nach Fn. 128.

Dagegen überzeugt die Annahme eines eingeschränkten Notwehrrechts gerade unter der Voraussetzung einer qualifizierten Adäquanz– Beziehung im „Eisenbahn“-Fall[264]:

> Der Angeklagte A fuhr mit einem Eilzug 1. Klasse von der Arbeit nach Hause. In seinem Abteil befand sich außer ihm nur der später getötete J, der durch Alkohol leicht berauscht war. Der Angekl. A öffnete, um J durch kalte Luft zu vertreiben, zweimal das Fenster, das jeweils sogleich wieder von dem nur leicht bekleideten J geschlossen wurde. Es kam zu einem Wortstreit. Nachdem A das Fenster zum dritten Mal geöffnet hatte, drohte J ihm mit erhobener Faust Schläge an. A zog aus der Tasche ein Fahrtenmesser heraus, so dass die Klinge sichtbar wurde. Er wollte J zeigen, dass ihm ein Messer zur Verteidigung gegen Tätlichkeiten zur Verfügung stehe. Als A das Fenster erneut öffnete, sprang J auf, ging auf den A zu und fasste mit beiden Händen in dessen Gesicht. A hatte den Eindruck, J wolle ihm „an den Hals gehen“. Er hatte keine Zeit mehr zum Aufstehen, zog das Fahrtenmesser und stach dem über ihn gebeugten J in den Oberbauch. J verstarb am Abend desselben Tages an den Folgen des Stiches.

Das wiederholte Öffnen des Fensters mit seiner beleidigenden Nebenbedeutung macht im Urteil des objektiven Dritten eine Auseinandersetzung mit starker Eskalation naheliegend. Das Vorverhalten ist daher eindeutig provokativ. Eine Vorsatzprovokation dürfte nicht, wenigstens nicht in direkt-vorsätzlicher Form, vorgelegen haben. Der Angekl. wird eher den Zweck gehabt haben, den anderen aus dem Abteil zu vertreiben. Dazu besaß nicht er, sondern nur der Schaffner das Recht (wegen des fehlenden Fahrscheins 1. Klasse). Die Aktion mit dem Fenster war daher sogar ein rechtswidriger Akt. Zwar dürfte eine Nötigung im Sinne von § 240 StGB wohl an der mangelnden Stärke des Gewalteingriffs scheitern. Immerhin ist eine Notwehrlage des anderen Fahrgastes nicht von der Hand zu weisen, die dieser freilich ganz unangemessen und in nicht erforderlicher Abwehr, folglich in der Form eines rechtswidrigen Angriffs beantwortet hat. Die Adäquanz-Beziehung aber wird zur Evidenz, wenn das Vorverhalten den anderen schon spontan in eine Notwehrlage versetzt. Die Notwehr des Angekl. war daher eingeschränkt, die Frage ist höchstens, ob bei der Stärke und wohl auch Gefährlichkeit des Griffs in das Gesicht das Notwehrrecht nicht sehr schnell wieder in vollem Umfang auflebte, was aber tatrichterliche Frage ist.

---

264. BGHSt 42, 97, vgl. oben 2. Kap., Text zwischen Rn. 128 und 129.

IV. Die verfassungsrechtliche Legitimation des eingeschränkten Notwehrrechts nach Provokation

Die Vereinbarkeit des Einschränkungsmodells mit dem Bestimmtheitsgrundsatz des Art. 103 II GG wird neuerdings stärker in Zweifel gezogen, auch von Autoren, die das Modell grundsätzlich als sachgerechte Lösung anerkennen[265]. Man würde es unter verfassungsrechtlichem Aspekt ja gewiss auch begrüßen, wenn § 32 StGB einen Abs. 3 hätte: „Hat der Täter den rechtswidrigen Angriff provoziert, muss er nach Möglichkeit fliehen und darf sich so lange wie möglich nur ohne Schädigung des Angreifers verteidigen", was natürlich immer weiter ausbaufähig und präzisierungsfähig wäre. Der Text des geltenden § 32 StGB bietet dafür nichts außer dem Begriff der Gebotenheit, der, wie von vornherein zuzugeben ist, eine nichtssagende Leerformel ist, wenn sie nicht aus den Interpretationsprinzipien des Notwehrrechts inhaltlich ausgefüllt werden kann und darf.

Nun ist am Notwehrparagraphen besonders seine Klarheit hervorgehoben worden: „Bei manchen Straftatbestanden (z.B.: § 185 StGB)" könne dergleichen „nur als Wunschdenken bezeichnet werden"[266]. Ob dem Text angesichts solcher Strukturen ein ausgearbeitetes Programm wie das Einschränkungsmodell unterstellt werden kann, ist fraglich, wenn das Gebotensein nur eine Leerformel ist. Allerdings könnte diese Formel ihren Inhalt aus der konkretisierenden Interpretation der Leitprinzipien der Notwehr gewinnen, also aus Rechtsbewährung und Individualschutz[267]. Schließlich verdient auch der Hinweis einer historischen Auslegung Beachtung, dass die sozialethische Einschränkung des Notwehrparagraphen bei den Beratungen zum neuen § 32 StGB sehr umstritten war und der Begriff der „Gebotenheit" aus dem alten § 53 StGB in die neue Vorschrift überführt wurde, um dem Problem eine Stelle für Entwicklungen in Rechtsprechung und Literatur offen zu halten[268]. Trotzdem ist die „Klarheit" der Notwehrvorschrift durch das Restriktionsprogramm bedroht, und es bleibt daher eine der schwierigsten Fragen der Lehre von den sozialethischen Einschränkungen und damit auch der Behandlung der Provokation, ob die Interpretationsaspekte des § 32 StGB wirklich zur Entwicklung ganz konkreter Lösungen berechtigen. Nach Erb ist der Rechtsanwender zu so weitreichender Interpretation nicht befugt. Erb bedauert daher die

265. Vgl. Kratzsch, Grenzen der Strafbarkeit, S. 29 ff.; Marxen, Notwehr, S. 19 ff.; ausführlich Koch, ZStW 104, 785 ff.; zuletzt Paeffgen, NK-Paeffgen, Rn. 146 vor § 32; Erb, ZStW 108, 266 ff., der mit Recht auf die Neubelebung des Bestimmtheitsgrundsatzes durch die „Sitzstreik"-Entscheidung des Bundesverfassungsgerichts BVerfG NJW 1995, 114, hinweist.

266. Erb, a.a.O. S. 286; vgl. schon Lenckner, GA 1961, 299; „Musterbeispiel, wie Auslegungsschwierigkeiten auf ein Minimum begrenzt werden können".

267. Roxin, ZStW 93, 70 ff.

268. Ausführliche Nachweise aus den Materialien bei Lenckner, a.a.O., S. 300.

Entwicklung der Rechtsprechung und die verfassungsrechtliche Billigung durch die h.L. Bei mehr Zurückhaltung und strengerer Beachtung der Wortlautgrenzen hätte sich nach seiner Auffassung der Gesetzgeber längst veranlasst gesehen, § 32 StGB zu reformieren und eine Ausnahmeklausel über die Fallgruppen der sozialethischen Einschränkung einzufügen, also besonders auch über die Provokation; mit der inhaltlichen Aufgabe hätte er dann auch das rechtsstaatliche Gebot erfüllt.

Man könnte allerdings auf eine größere Freiheit der Rechtsentwicklung im Allgemeinen Teil verweisen[269], wie etwa bei der Behandlung der Putativnotwehr, die im Allgemeinen Teil um der wissenschaftlichen Weiterentwicklung willen nicht geregelt worden ist[270]. Dort aber fehlt es überhaupt, jedenfalls nach überwiegender Auffassung, an einer Regelung[271], während für die Notwehr die strikte und verteidigerfreundliche Lösung klar im Text steht. Dass der prinzipielle Hintergrund sich dynamisch entwickelt hat und Täter wie Opfer mehr und mehr einer übergeordneten Betrachtungsweise unter dem Blickwinkel der Solidarität unterzogen worden sind[272], gerade ein solcher Prinzipienwandel könnte der gesetzgeberischen Verantwortung und Sanktionierung bedürfen.

Es ist zwar richtig, dass die Klarheit eines Gesetztextes die Möglichkeiten der Interpretation verringert. Jedenfalls ist das auf der Ebene des Tatbestandes der Fall. Aber schon hier ergeben sich Spannungen, wenn die Textgrundlage mit neueren Entwicklungen nicht mehr Schritt gehalten hat. Gerade bei althergebrachten Texten ist der Gesetzgeber, wie manches Beispiel lehrt, schwer zum Tätigwerden zu bewegen[273]. Bei Rechtfertigungsgründen wird es noch viel deutlicher, dass die Vorteile einer präzisen und engen Typisierung ihre Kehrseite haben.

Grundsätzlich gilt das Bestimmtheitsgebot für jedenfalls gesetzlich normierte Rechtfertigungsgründe; aus der Existenz von gewohnheitsrechtlichen oder in Analogie entwickelten ungeschriebenen Rechtfertigungsgründen darf nicht auf die Zulässigkeit der Befreiung geschriebener Rechtfertigungsgründe von Bestimmtheitsgrundsatz geschlossen werden[274]. Allerdings reicht der Bestimmtheitsgrundsatz nur so weit, wie der Gesetzgeber überhaupt in der Lage ist, den gesetzlich zu regelnden Fall in begrifflichen Typen zu formulieren. Das ist schon auf der Tatbestandsebene nicht immer möglich, wie die bekannten Probleme um die Verwerf-

269. SS/Eser, § 1, Rn. 26.
270. Vgl. Jescheck-Weigend, AT, S. 463, Fn. 43.
271. Vgl. Jescheck-Weigend, a.a.O., S. 462; Kühl, AT, § 13, Rn. 5, S. 457.
272. Dazu neuerdings Kühl, in Hirsch-FS, S. 259 ff., bes. S. 262 f.; vgl. auch Jakobs, AT, 12/46 ff.
273. Vgl. etwa die Bestrebungen zur selbständigen Regelung des ärztlichen Heileingriffs und seiner Ablösung aus der tatbestandsmäßigen Körperverletzung.
274. So aber Maurach AT, 4. Aufl., 1971, S. 111; Amelung, JZ 1982, 617, 620.

lichkeit bei der Nötigung[275] oder der wertausfüllungsbedürftige Begriff der Beleidigung bei § 185 StGB zeigen[276]. Die unübersehbare Vielzahl von Einzelmöglichkeiten entzieht sich einer rechtspolitischen und rechtstaatlichen Typisierung. Ähnlich ist es bei der Frage der Kodifizierung von Garantenstellungen, die an der Mannigfaltigkeit der Pflichtstellungen scheitert[277]. Nun ist aber der Rechtfertigungsgrund nicht einfach eine Aufzählung von Merkmalen, die mit negativem Vorzeichen zu den Merkmalen des Tatbestandes hinzuaddiert werden[278]. Als erster hat wohl Paeffgen[279] darauf hingewiesen, dass beim Rechtfertigungsgrund der Handlungstypus, der den Rechtfertigungsgedanken ausprägt, auf eine unberechenbare Vielzahl von Tatbestanden anzuwenden ist. Er ist deswegen, vor allem bei dem Rechtfertigungsgrund der Notwehr und den anderen Notrechten, von der Struktur der Kollisionsregelung und Erlaubnisformulierung her „prinzipiell"[280] einer gesetzlich abschließenden Kodifizierung entzogen. Paeffgen sieht daher in jedem Rechtfertigungsgrund einen ungeschriebenen Spielraum der „Angemessenheit". Ihm folgend spricht Erb[281] von einem „Angemessenheits-vorbehalt" bei jeder Rechtfertigungsregelung, den nicht restlos, sondern nur annähernd im Gesetzestext erfasst werden könne. Die sozialethischen Einschränkungen zeigen gerade bei der Fallgruppe der Provokation so viele Spielarten, dass eine Interpretation nach den Leitgedanken der schwindenden oder verschwindenden Generalprävention anerkannt werden muss. Nach Erb stellen die Straftatbestände „typisierende Beschreibungen von spezifischen Rechtsgutsverletzungen dar, denen die Rechtsordnung gegensteuern will". Gegeninteressen, welche die Vornahme der generell verbotenen Handlung ausnahmsweise erlauben, werden vom Tatbestandstext „ausgeblendet", Einzelfallgestaltungen werden nicht berücksichtigt. Erlaubnissätze werden ebenfalls generell-abstrakt formuliert, decken dann aber im *Text* individuelle Gestaltungen ab, die vom *Sinngehalt* der Rechtfertigungsregelung nicht mehr gedeckt werden. Bei der Anwendung eines Rechtfertigungsgrundes bleibt demnach eine Restmenge individueller Art, für deren sachgerechte Bewältigung man auf die Interpretation nach den Leitgedanken der Rechtfertigungsregelung angewiesen ist, bei der Notwehr also auf die Erkundung, ob der generalpräventive Aspekt sich im Sachverhalt angemessen widerspiegelt (dasselbe gilt auch beim Individualschutzaspekt, was aber keine große praktische Bedeutung

275. Der Streit um die offenen Tatbestandsmerkmale macht das besonders deutlich; vgl. NK-Paeffgen, vor § 32, Rn. 146.

276. Vgl. SS-Lenckner, § 185, Rn. 1.

277. Welzel, Lehrbuch, 11. Aufl., 1969, S. 210 („Prinzipiell unmöglich"); a. A. Schöne, Unterlassene Erfolgsabwendungen, S. 345.

278. So aber die Lehre von den negativen Tatbestandsmerkmalen, vgl. oben 3. Kap., Fn. 178.

279. Paeffgen, a.a.O., S. 213 f.

280. Vgl. das Welzel-Zitat, oben Fn. 277.

281. Erb, a.a.O., S. 287; vgl. schon Marxen, Notwehr, S. 25, Fn. 20.

hat). Bei der Provokation ist daher die Verwirkung der Repräsentanzrolle durch das unlautere Vorverhalten des Verteidigers legitimerweise ein von Rechtsanwender zu berücksichtigender Wertaspekt.

Der Begriff der Gebotenheit ist, so betrachtet, nicht eine Leerformel, sondern der Platzhalter für den Angemessenheitsvorbehalt, der auch bei der Notwehr anzuerkennen ist[282].

282. Zutreffend Kühl, AT, § 7, IV, 1 b, Rn. 162 ff.; S. 201 ff.

6. Kapitel:
Zusammenfassung und Ergebnis

Die Untersuchungen dieser Arbeit haben ergeben, dass die Lösung des Problems der provozierten Notwehrlage am besten von einem Notwehrverständnis bewältigt werden kann, wie es der h.L entspricht. Die zweidimensionale Interpretation der Notwehr nach dem Prinzip der Rechtsbewährung und des Individualschutzes hat sich als haltbar und vorzugswürdig erwiesen. Die Provokation ist eine Untergruppe von Falltypen nach der Lehre von der sozialethischen Einschränkung des Notwehrrechts, deren Vereinbarkeit mit dem Bestimmtheitsgrundsatz des Art. 103 II GG untersucht und bestätigt wurde. Das Einschränkungsmodell der Rechtsprechung erwies sich auch im Rechtsfolgesystem als zutreffend: Die Aufrechterhaltung des Notwehrrechts trotz Provokation, seine Pflichtbelastung mit Flucht und riskanter Verteidigung, aber auch sein Wiedererstarken nach andauerndem oder hochgefährlichem Angriff. Es wurde aber begründet, dass der Täter einer Absichtsprovokation selbst bei Wiederaufleben des Verteidigungswillens in der aktuellen Situation das Notwehrrecht unwiderruflich einbüßt. Der h.L. entspricht auch, dass die sozialethische Einschränkung der Provokation beim Merkmal der „Gebotenheit"(§ 32 I StGB) verankert wurde, doch konnte dies bei der begrifflichen Uferlosigkeit dieses Merkmals nur ein äußerer Anknüpfungspunkt sein; inhaltlich war eine prinzipielle Begründung erforderlich.

Dieses Ergebnis wurde aus folgenden Einzeluntersuchungen gewonnen:

1.

Der *Begriff der Provokation* wurde einer näheren Betrachtung unterzogen.
Die Einteilung des Vorverhaltens nach Verbrechenskategorien hatte nur begrenzten Wert. Als Provokation scheiden immerhin und auch bei aufreizender Wirkung auf den Angreifer alle Fälle aus, in denen das Vorverhalten gerechtfertigt oder entschuldigt ist. Dagegen ließ sich eine Beschränkung auf rechtswidriges und straftatbestandsmäßiges Verhalten nicht befürworten. Das Vorliegen einer Provokation kann nämlich nicht aus dem Vorverhalten allein geklärt werden; entscheidend ist vielmehr *der Zusammenhang zwischen Vorverhalten des Verteidigers und dem Verhalten des Angreifers*, also ein interaktionales Moment. Dieser Zusammenhang bedarf der Grundlage der kausalen Äquivalenz und der normativen Adäquanz, was vor allem bei zeitlichen Unterbrechungen zwischen dem Vorverhalten und dem Notwehrgeschehen Probleme aufwarf.

Die Untersuchungen zum Provokationsbegriff ergaben weiterhin, dass alle Vorsatz- und Fahrlässigkeitsformen als Provokationsverhalten beim Täter in Betracht kamen. Der Angreifer hingegen muss den Vorgang als provokativ aufgefasst und verstanden haben und infolgedessen den Angriff gestartet haben. Das Wissens- und Wollensmoment liegt auf der Adressatenseite der Provokation. Diese ist daher nur bei vorsätzlicher Angriffseröffnung denkbar (1. Kap.).

2.
Die Provokation wurde in der Rechtsprechung erst nach und nach thematisch, jedoch als Problem schon in der reichsgerichtlichen Judikatur wiederholt spürbar. Das *Reichsgericht* behandelte derartige Fragen bei Einzelmerkmalen der Notwehr, besonders beim „rechtswidrigen Angriff" und bei dem Merkmal des Verteidigungswillens, den das Reichsgericht schon früher als Notwehrvoraussetzung anerkannt hatte. Bis heute wichtig ist die Erkenntnis, dass Vorverhalten und Angriff oft ineinander verflochten sind und sich als Provokations- und Angriffsphase nicht mehr voneinander trennen lassen. Eine Notwehrsituation liegt dann nicht vor oder folgt anderen Regeln.

Auch die frühe *BGH-Rechtsprechung* setzt bei Einzelmerkmalen ein, bringt das Problem dann bei der „Erforderlichkeit" unter und verselbständigt es dort mehr und mehr. Schließlich erfasst der BGH es aber als einheitlichen *Sachkomplex jenseits der allgemeinen Notwehrmerkmale*, die sämtlich erfüllt sein müssen, bevor die Provokation überhaupt behandelt werden darf. Die *Einschränkungslösung*: Fluchtzumutung, risikobelastete Verteidigung, Wiederaufleben des vollen Notwehrrechts bei anhaltendem Angriff wird ausgearbeitet und die rechtstheoretische Rechtfertigung im Verlust der generalpräventiven Komponente des Notwehrrechts gefunden. *Die Provokation wird damit zu einer der Fallgruppen der sozialethischen Einschränkung der Notwehr*, die zuerst bei den Fällen des familiären Näheverhältnisses ausgearbeitet worden war (2.Kap.).

3.
Die Rechtsprechung verwirft mit Recht die Vorverschuldenslösung nach dem *Modell der actio illicita in causa (a.i.i.c.)*, das aber indirekt einen wichtigen Beitrag zum Verständnis der Provokationsthematik liefert. Hier nämlich ist der Ort für *Zurechnungsregeln zwischen Provokation, Angriff und Verteidigung*, die das Modell der h.L. weitgehend dem Einzelfall überlassen hat.

Allerdings nimmt diese Lehre für alle Provokationsfälle, sogar die Absichtsprovokation, die Rechtfertigung an. Das Provokationsverhalten wird im Zusammenhang mit dem tatbestandsmäßigen Eingriff des Täters als Straftat gewertet, wenn der Angriff und der weitere Verlauf vorhergesehen wurden oder vorhersehbar waren (dementsprechend haftet der Täter nach dem Vorsatz- oder Fahrlässigkeitstatbestand). Zwar konnte ein Haupteinwand gegen die a.i.i.c. widerlegt werden: Das *Widerspruchsargument*, ein Verhalten könne nicht zugleich strafbar und gerechtfertigt sein, verliert an Überzeugungskraft, wenn man eine gerechtfertigte Verteidigungshandlung neben der pflichtwidrig herbeigeführten Einbuße des Verletzten anerkennt und den Raum für Zurechnungsregeln zwischen der Provokation und dem Endergebnis öffnet. Auch sind den Vertretern der Lehre von der a.i.i.c. eine größere Elastizität im Rechtsfolgesystem und beträchtliche Vorteile der Anpassung an den Unrechts- und Schuldgehalt eines unter Provokationseinfluss stehenden Notwehrgeschehens einzuräumen.

4.

Die a.i.i.c. verlagert aber die Pflichtentstehung und pflichtwidrige Handlung von der Verteidigungshandlung auf die Provokation und nimmt dem Geschehen den Verwirklichungsschwerpunkt. Die Frage des Angriffs und der Verteidigung werden Prognosemomente im Zeitpunkt des Provokationsverhaltens, dem Zeitpunkt also, für den (wie bei der Pflichtbestimmung des fahrlässigen Erfolgdelikts) der Pflichtinhalt ex ante zu ermitteln ist und für den sich alles weitere Geschehen als ex-post-Elemente des Erfolgssachverhalts darstellen. Die entscheidende Frage, ob sich der Gegner überhaupt provozieren lässt und zum Angriff schreitet, bleibt im Schwebezustand prognostischer Beurteilung. Das aber ist der Zeitpunkt und Situationspunkt, für den sich nach der h.L. überhaupt erst die Frage nach dem pflichtmäßigen Verteidigungsverhalten eröffnet. Der Sachverhalt, auf dessen Grundlage das Pflichtverhalten des Täters beurteilt wird, ist nach der Lehre von der a.i.i.c. unmittelbar nach der Provokation und vor dem Zeitpunkt von Angriff und Verteidigung schon vollständig vorhanden. Das strafrechtliche Handlungsunrecht wäre schon beendet, bevor überhaupt das Rechtfertigungsgeschehen einsetzt. Für die h.L. beginnt die Pflicht für den Täter erst, nachdem er dem Angriff begegnet ist: Für die Organisation seiner Verteidigung muss er mitberücksichtigen, was er selbst verschuldet hat, aber nur für die Verteidigung allein. Wie der Angreifer auf das Vorverhalten reagiert, ist für die Lehre von der a.i.i.c. ein Gegenstand der zurechnenden Prognose, zudem ein Freiwilligkeitsakt, dessen Zurechenbarkeit wegen des Freiwilligkeitsmoments hochproblematisch ist. Für die h.L. ist der Freiwilligkeitsakt bereits objektivierte, schon in der Vergangenheit liegende Persönlichkeitsäußerung, wenn die Pflichtlage (Erlaubnislage) des Verteidigers zur Beurteilung ansteht. Der Einwand, die Freiwilligkeit in der Entscheidung über den Angriff unterbreche den Zurechnungszusammenhang, erweist sich für die Lehre von der a.i.i.c. als kaum widerleglich, fällt aber weg, wenn man mit dem Einschränkungsmodell den ex-post-Standpunkt gewinnt und die bereits getroffene Entscheidung im vom Täter zu beurteilenden tatsächlichen Sachverhaltsfeld vorfindet. Die h.L. hätte nun allerdings, statt die Mühen der Interpretation auf den

Provokationsbegriff zu verschwenden, den *Zusammenhang* von Provokation, Angriff und Verteidigung in den Mittelpunkt der Untersuchung stellen sollen, was aber nur ansatzweise geschieht.

Deswegen sind die Zurechnungsstrukturen, welche die Lehre von der a.i.i.c. zwischen dem Vorverhalten und dem Angriff aufzeigt, von hohem Gewinn. Auch wenn die *Adäquanz-Beziehung* zwischen Vorverhalten und Angriff nicht ex ante zu beurteilen ist, sondern ex post, bezogen auf den Zeitpunkt unmittelbar vor der Durchführung der Verteidigungshandlung, folgt sie doch denselben Grundregeln der objektiven Zurechnung, die sogar an Sicherheit gewinnen: Erst nach dem Angriff entsteht für den Täter die Erlaubnislage, in der sich entscheidet, ob und unter welchen Bedingungen er sich verteidigen darf. Dazu liegt ihm der Sachverhalt des Vorgeschehens mit den von ihm selbst gesetzten Mitveranlassungen vor, nicht in der unsicheren Form der Prognose, sondern in der Diagnose dessen, was er selbst am schon verwirklichten Geschehen mitverschuldet und was er selbst an Obliegenheiten zu erfüllen hat, um diesen Anteil auszugleichen.

Dazu gehört aber auch die Alternative, dass das Vorverhalten nicht von der Art war, nach verständigem Urteil einen solchen Angriff als naheliegend zu erachten. Die Adäquanz-Beziehung ist dem Ausnahmecharakter des Einschränkungsmodells anzupassen: Nicht jeder Zusammenhang, der noch an den Untergrenzen der Wahrscheinlichkeit liegt, sondern nur die hohe Wahrscheinlichkeit des Angriffs beim so beschaffenen Vorverhalten reicht für *die zu fordernde qualifizierte Adäquanz* aus, die erst aufgrund dieser Wahrscheinlichkeitsdichte das Vorverhalten rückblickend zur notwehreinschränkenden Provokation macht. Methodisch entspricht diese Steigerung der Adäquanz dem Vorgehen beim erfolgsqualifizierten Delikt, das aber in der Ausbildung von Adäquanztypen weiter fortgeschritten ist, teilweise aber auch andere Wege geht (1. Kap., III; 3. Kap., II, 3 c; 5. Kap., II, III, 2 a).

5.

Die *Absichtsprovokation* gehört nicht in das Einschränkungsmodell. Das vierte Kapitel knüpft an die Untersuchungen zur subjektiven Tatseite der Rechtfertigung und Provokation im 1. Kap., IV an und versucht aufzuzeigen, dass bei der Absichtsprovokation alle Elemente des Notwehrsatzes als Mittel zum Verletzungszweck in einem eng verstandenen Absichtszusammenhang untergebracht und zur Tarnung instrumentalisiert werden. Es werden Gründe dafür angeführt, der Absichtsprovokation nicht erst über den Missbrauch bzw. das Fehlen einer Gebotenheit der Notwehr die Rechtfertigung zu nehmen oder sie sogar mit den anderen Provokationsfällen der Einschränkungslösung zuzuordnen, sondern sie ist als *selbständige absichtliche Tatbestandsverwirklichung* außerhalb der Notwehr zu betrachten. Im Licht der Notwehrdoktrin ist also den Autoren zuzustimmen, die bei der Absichtsprovokation das Rechtfertigungsbewusstsein verneinen.

6.
Der prinzipielle Gehalt und die Legitimationsbasis des Einschränkungsmodells sind umstritten. Es wurde versucht, eine *Klärung der Leitbegriffe „Rechtsbewährung" und „Individualschutz"* zu gewinnen und aufzuzeigen, dass der Verlust der Generalprävention anders zu sehen ist als bei den übrigen Gruppen des Einschränkungsmodells, der Defektlage des Angreifers und der sozialen Nähe. Bei letzteren Gruppen erweist sich die Rechtsordnung nicht als verteidigungsbedürftig vor der Allgemeinheit. Beim rechtswidrigen Angriff des Provokationssachverhalts bleibt die Verteidigungsbedürftigkeit der Rechtsordnung in allen Erscheinungsformen der Provokation ungemindert erhalten, doch verliert der Täter wegen seiner Provokation das Recht, als Repräsentant und Bürge der Rechtsordnung aufzutreten. Er verliert den Rechtsschutz dieser Position, sodass er auf den Individualschutzrahmen der eingeschränkten Notwehr beschränkt ist (5. Kap., III, 1).

Die *rechtstaatliche Legitimation* einer Einschränkung des Notwehrtextes ist aus dem an sich inhaltslosen Wort der „Gebotenheit" nur dann abzuleiten, wenn die Prinzipien des Notwehrrechts es gestatten, das Merkmal als Platzhalter für eine konkretisierende Interpretation aufzufassen, wofür allerdings die Entstehungsgeschichte des § 32 StGB spricht (*historische Auslegung*). Auch die *systematische Auslegung* spricht für eine solche Einschränkungsmöglichkeit. Das wurde an der Struktur des Rechtfertigungsgrundes als eine Kollisionsschlichtungsregelung aufgezeigt, was die Möglichkeit eines Angemessenheitsvorbehalts (Paeffgen) einschloss. Die *teleologische Auslegungsmethode* aber kann in den Grenzen des Wortlauts gewandelte sozialethische Anschauungen berücksichtigen. Für eine Mindestsolidarität zwischen Provokateur und Angreifer und die Aufstellung von Pflichten der Rücksichtnahme zum Ausgleich einer mitveranlassten sozialen Störung im rechtswidrigen Angriff spricht auch eine Interpretation im Kontext der Gegenwart. Die „Gebotenheit" der Notwehr, die vom Gesetzgeber bewusst im Hinblick auf solche Entwicklungen in den Text des § 32 StGB übernommen wurde, lässt dann aber die Bedenken einer Überschreitung der Wortlautgrenze in den Hintergrund treten.

7.
Im Ergebnis hat sich die Einschränkungslösung bei der Notwehr unter Provokation als eine schlüssige Behandlung des Problems erwiesen, die als bedeutender Beitrag von Rechtsprechung und Literatur zu einem modernen Notwehrrecht angesehen werden darf.

Literaturverzeichnis

Alwart, Heiner: Zum Begriff der Notwehr, JuS 1996, 953 ff.

Amelung, Knut: Zur Kritik des kriminalpolitischen Strafrechtssystems von Roxin, JZ 1982, 617 ff.

Arzt, Gunther: Notwehr, Selbsthilfe, Bürgerwehr, in: Festschrift für Schaffstein, 1975, S. 77 ff.

Ders.: Anmerkung zum Urteil des BGH v. 24. 7. 1979 – 1 StR 249/79, in: JR 1980, 211 f.

Baumann, Jürgen: Rechtsmißbrauch bei Notwehr, MDR 1962, 349 ff.

Baumann, Jügen/Weber, Ulrich/Mitsch, Wolfgang: Strafrecht, Allgemeiner Teil, 10. Aufl., Verlag Ernst und Werner Gieseking, Bielefeld, 1995.

Berner, Albert Friedrich: Die Notwehrtheorie, Archiv des Criminalrechts, Neue Folge, 1848, S. 547 ff.

Bernsmann, Klaus: Überlegungen zur tödlichen Notwehr bei nicht lebensbedrohlichen Angriffen, ZStW 104 (1992), 290 ff.

Bertel, Christian: Notwehr gegen verschuldete Angriffe, ZStW 84 (1972), 1 ff.

Bitzilekis, Nikolaos: Die neue Tendenz zur Einschränkung des Notwehrrechts, Duncker & Humbolt, Berlin, 1984.

Bockelmann, Paul: Notwehr gegen verschuldete Angriffe, in: Festschrift für Richard M. Honig zum 80. Geburtstag, 1970, S. 19 ff.

Bockelmann, Paul- Volk, Klaus: Strafrecht. Allgemeiner Teil, 4. Aufl., Verlag C. H. Beck, 1987.

Choi, Ou-Chan: Notwehr und 'gesellschaftliche Sitten', Diss., Freiburg, 1988.

Constadinidis, Angelos: Die "Actio illicita in Causa", Könighausen+Neumann, 1982.

Courakis, Nestor-Constantin: Zur sozialethischen Begründung der Notwehr, Nomos Verlagsgesellschaft, Baden-Baden, 1978.

Dreher/Tröndle/Fischer: Strafgesetzbuch und Nebengesetze, 50. Aufl., 2001.

Ebert, Udo: Strafrecht, Allgemeiner Teil, 3. Aufl., C. F. Müller, 2001.

Ders.: Kausalität und objektive Zurechnung, Jura 1979, 561 ff.

Eisele, Jörg: Anmerkung zum Urteil BGH v. 22. 11.2000 – 3 StR/00, in: NStZ 2001, 416 f.

Engels, Heinz-Jörg: Die Angriffsprovokation bei der Nothilfe, Diss., Würzburg, 1992.

Engländer, Armin: Vorwurfbare Notwehrprovokation: Strafbarkeit wegen fahrlässiger Tötung aufgrund rechtswidrigen Vorverhaltens trotz gerechtfertigten Handelns , Jura 2001, 534 f.

Erb, Volker: Die Schutzfunktion von Art. 103 Abs. 2 GG bei Rechtfertigungs- gründen, ZStW 108 (1996), 266 ff.

Erdsiek, Gehard: Notwehr bei Eingriff in die Intimsphäre, NJW 1962, 2240 f.

Eser, Albin: Renaissance des § 213 StGB: Der „minder schwere Fall des Totschlags" im Lichte der Rechtsprechung, in Festschrift für Middendorf, 1986, S. 71 ff.

Frank, Reinhard: Kommentar, Das Strafgesetzbuch für das Deutsche Reich, 18. Aufl., Tübingen, 1931.

Frister, Helmut: Die Notwehr im System der Notrechte, GA 1988, 291 ff.

Gropp, Walter: Strafrecht Allgemeiner Teil, 2. Aufl., Springer Verlag, Berlin/Heidelberg/New York, 2001.

Hassemer, Winfried: Die provozierte Provokation oder Über die Zukunft des Notwehrrechts, in: Festschrift für Paul Bockelmann zum 70. Geburtstag, 1979, S. 225 ff.

Hinz, Werner: Die fahrlässig provozierte Notwehrlage unter besonderer Berücksichtigung der Rechtsprechung des Bundesgerichtshofes, JR 1993, 353 ff.

Hirsch, Hans Joachim: Die Notwehrvoraussetzung der Rechtswidrigkeit des Angriffs, in: Festschrift für Eduard Dreher zum 70. Geburtstag, Berlin/ New York, 1977, S. 211 ff.

Hruschka, Joachim: Bestrafung des Täters trotz Rechtfertigung der Tat, (Zu den „Provokations-" und ähnlichen Fällen) ZStW 113 (2001), 870 ff.

Ders.: Strafrecht nach logisch-analytischer Methode, 2. Aufl., Walter de Gruyter/Berlin/New York, 1988.

Ders.: Extrasystematische Rechtfertigungsgründe, in; Festschrift für Eduard Dreher zum 70. Geburtstag, 1977, S. 189 ff.

Jakobs, Günther: Strafrecht, Allgemeiner Teil, Die Grundlagen und die Zurechnungslehre, 2. Aufl., Walter de Gruyter, Berlin/New York, 1991.

Jescheck, Hans-Heinrich: Lehrbuch des Strafrecht, Allgemeiner Teil, 4. Aufl., Duncken & Humblot, Berlin, 1988.

Jescheck, Hans-Heinrich und **Weigend, Thomas:** Lehrbuch des Strafrechts, Allgemeiner Teil 5. Aufl., Berlin, 1996.

Kaufmann, Armin: Lebendiges und Totes in Bindungs Normentheorie, Normenlogik und moderne Strafrechtsdogmatik, Göttingen, 1954.

Ders.: Zum Stande der Lehre vom personalen Unrecht, in: Festschrift für Hans Welzel zum 70. Geburtstag, Berlin/New York, 1974, S. 393 ff.

Kiefner, Martina: Die Provokation bei Notwehr (§ 32 StGB) und Notstand, (§ 34 StGB) Diss., Gießen, 1991.

Koch, Burkhard: Prinzipientheorie der Notwehreinschränkungen, ZStW 104 (1992), 785 ff.

Köhler, Michael.: Allgemeiner Teil, Strafrecht, Springer-Verlag, Berlin/ Heidelberg/New York, 1997.

Kratzsch, Dietrich: Grenzen der Strafbarkeit im Notwehrrecht, Berlin, 1968.

Ders.: Das (Rechts-)Gebot zu sozialer Rücksichtnahme als Grenze des strafrechtlichen Notwehrrechts – BGH NJW 1975, 62; in JuS 1975, 435 ff.

Krümpelmann, Justus: Schutzzweck und Schutzreflex der Sorgfaltspflicht, in: Festschrift für Paul Bockelmann zum 70. Geburtstag, 1979, S. 443 ff.

Ders.: Über die zeitliche Struktur einiger Zurechnungsurteile, in: Festschrift für Otto Triffterer zum 65. Geburtstag, 1996, S. 137 ff.

Kühl, Kristian: Notwehr und Nothilfe, JuS 1993, 177 ff.

Ders.: Angriff und Verteidigung bei der Notwehr, Jura 1993, 57ff., 118 ff., 233 ff.

Ders.: Die Notwehrprovokation, Jura 1991, 57 ff., 175 ff.

Ders.: Strafrecht, Allgemeiner Teil, 3. Aufl., Verlag Franz Vahlen München, 2000.

Küper, Wilfried: Der 'verschuldete' rechtfertigende Notstand. Zugleich ein Beitrag zur „actio illicita in causa", Duncker & Humblot, Berlin, 1983.

Lackner, Karl/Kühl, Kristian: Strafgesetzbuch, mit Erläuterungen, 21. Aufl., München, 1995.

Leipziger Kommentar: Strafgesetzbuch, Großkommentar. Herausgegeben von Burkhard Jähnke/Heinrich Wilhelm Laufhütte/Walter Odersky), 11. Aufl., Berlin/New York, 1992.

Lenckner, Theodor: Notwehr bei provoziertem und verschuldetem Angriff, GA 1961, 299 ff.

Ders.: Anmerkung zum Urteil des BGH. v. 7.6.1983 - 4StR 703/82; JR 1984, 205 ff.

Lilie, Hans: Zur Erforderlichkeit der Verteidigungshandlung, in: Festschrift für, Hans Joachim Hirsch, zum 70. Geburtstag, 1999, S. 277 ff.

Ling, Michaels Andreas: Die Unterbrechung des Kausalzusammenhangs durch willentliches Dazwischen treten eines Dritten, Duncker & Humblot, Berlin, 1993.

Marxen, Klaus: Die „sozialethischen" Grenzen der Notwehr, Alfred Metzner Verlag, Frankfurt am Main, 1979.

Maurach, Reinhart: Deutsches Strafrecht Allgemeiner Teil, 4. Aufl., Verlag C. F. Müller, Karlsruhe, 1971.

Mezger, Edmund: Strafrecht, Ein Lehrbuch, 3. Aufl., Duncker & Humbolt, München, 1949.

Mitsch, Wolfgang: Straflose Provokation strafbarer Taten, Verlag Max Schmidt- Römhild, Lübeck, 1986.

Ders.: Nothilfe gegen provozierte Angriffe, GA 1986, 533 ff.

Ders.: Notwehr gegen fahrlässig provozierten Angriff – BGH, NStZ 2001, 14; Jus 2001, 751.

Neumann, Ulfrid: Zurechnung und „Vorverschulden", Vorstudien zu einem dialogischen Modell strafrechtlicher Zurechnung, Duncker & Humblot, Berlin, 1985.

Nomos Kommentar zum Strafgesetzbuch: 5. Lieferung, Baden-Baden, 1998.

Paeffgen, Hans-Ullrich: Der Verrat in irriger Annahme eines illegalen Geheimnisses (§ 97 b StGB) und die allgemeine Irrtumslehre, Duncker & Humblot, Berlin, 1978.

Ders.: Vorüberlegungen zu einer Dogmatik des Untersuchungshaft-Rechts, Carl Heymanns Verlag, Köln/Berlin/Bonn/München, 1986.

Perron, Walter: Rechtfertigung und Entschuldigung im deutschen und spanischen Recht, Nomos Verlagsgesellschaft, Baden-Baden, 1988.

Ders.: Rechtfertigung und Entschuldigung bei Befreiung, aus besonderer Notlagen (Notwehr, Notstand, Pflichtenkollision) im deutschen Strafrecht, in: Eser/Perron (Hrsg.), Rechtfertigung und Entschuldigung, Bd. III (Deutsch-italienisch-portugiesisch-spanisches Strafrechtskolloquim 1990), Freiburg, i. Br., 1991, S. 79 ff.

Prittwitz, Cornelius: Zum Verteidigungswillen bei der Notwehr, GA 1980, 381 ff.

Renzikowski, Joachim: Notstand und Notwehr, Duncker & Humblot, Berlin, 1993.

Roxin, Claus: "Sozialethische Einschränkungen" des Notwehrrechts–Versuch einer Bilanz, ZStW 93 (1981), 68 ff.

Ders. Die provozierte Notwehrlage, ZStW 75 (1963), 541 ff.

Ders.: Strafrecht, Allgemeiner Teil, Bd. I: Grundlagen. Der Aufbau der Verbrechenslehre, 3. Aufl., C. H. Beck'sche Verlagsbuchhandlung, München, 1997.

Ders.: Anmerkung zum Urteil des BGH v. 22,11,2000 – 3 StR/00, in: JZ 2001, 667 ff.

Rötelmann : Die Intimsphäre in öffentlichen Anlagen, MDR 1964, 207 f.

Schaffstein, Friedrich: Handlungsunwert, Erfolgsunwert und Rechtfertigung bei den Fahrlässigkeitsdelikten, in: Festschrift für Hans Welzel zum 70. Geburtstag, 1974, S. 557 ff.

Schmidhäuser, Eberhard: Strafrecht, Allgemeiner Teil, Lehrbuch, 2. Aufl., J.C.B MOHR, Tübingen, 1975.

Schöne, Wolfgang: Unterlassene Erfolgsabwendungen und Strafgesetz. Zur gesetzlichen Regelung „unechter" Unterlassungsdelikte, Carl Heymanns Verlag, Köln/Berlin/Bonn/München, 1974.

Schönke/Schröder/Lenckner: Strafgesetzbuch, Kommentar, 26. Aufl., München, 2001.

SK: Systematischer Kommentar zum Strafgesetzbuch, Bd. I: Allgemeiner Teil, 6. Aufl. 1993.

Spendel, Günter: Gegen den "Verteidigungswillen" als Notwehrerfordernis, in: Festschrift für Paul Bockelmann zum 70. Geburtstag, 1979, S. 245 ff.

Stratenwerth, Günter: Strafrecht Allgemeiner Teil I, 4. Aufl., Carl Heymanns Verlag, Köln/Berlin/Bonn/München, 2000.

Warda, Günter: Die Eignung der Verteidigung als Rechtfertigungselement bei der Notwehr (§§ 32 StGB, § 227 BGB), Jura 1990, 344 ff., 393 ff.

Welzel, Hans: Das deutsche Strafrecht, Eine systematische Darstellung, 11. Aufl., Walter de Gruyter, Berlin, 1969.

Ders.: Vorteilsabsicht beim Betrug, NJW 1962, 20.

Wessels, Johannes/Beulke, Werner: Strafrecht, Allgemeiner Teil, 31. Aufl., C. F. Müller, Heidelberg, 2001.

Wessels, Joannes/Hettinger, Michael: Strafrecht Besonderer Teil/1, 25. Aufl., C.F.Müller Verlag Heidelberg, 2001.

Bergmann, Maren
Die Verrechtlichung des Strafvollzugs und ihre Auswirkungen auf die Strafvollzugspraxis
Studien und Materialien zum Straf- und Maßregelvollzug, Band 16, 2003, 296 S.,
ISBN 978-3-8255-0368-0, ca. € 30,–

Bornewasser, Manfred (Hg.)
Empirische Polizeiforschung III
2002, 280 S., ISBN 978-3-8255-0384-0, € 27,80

Eckert, Martin
Literatur und Kriminologie
Literatur als Objekt kriminologischer Analysen unter Berücksichtigung des „Formwillens" als hervorstechende Eigenschaft literarischer Texte
Reihe Rechswissenschaft, Band 195, 2002,
258 S., ISBN 978-3-8255-0361-1, € 28,–

Fischer, Astrid
Die Sicherung des Erbbauzinses bei der Zwangsversteigerung des Erbbaurechts
Reihe Rechtswisseschaften, Band 194, 2002, 204 S.,
ISBN 978-3-8255-0366-6, € 29,80

Giefers-Wieland, Natalie
Private Strafvollzugsanstalten in den USA
Eine Perspektive für Deutschland?
Studien- und Materialien zum Straf- und Maßregelvollzug, Band 18, 2002, 230 S.,
ISBN 978-3-8255-0383-3, ca. € 30,–

Henninger, Susanne
Nichtdeutsche Beschuldigte im Jugendstrafverfahren
2003, ca. 200 S., ISBN 978-3-8255-0386-4, ca. € 30,–

Schünemann, Bernd (Hg.)
Claus Roxin. Zur Persönlichkeit und zum Werk
Reihe Rechtswissenschaften, Band 196, 2003,
ca. 80 S., ISBN 978-3-8255-0381-9, ca. € 15,–

Röhm, Peter M.
Zur Abhängigkeit des Insolvenzstrafrechts von der Insolvenzordnung
Studien zum Wirtschaftsstrafrecht, Band 18, 2002, 388 S.,
ISBN 978-3-8255-0373-4, € 31,70 / sFr 52,30

Schünemann, Bernd (Hg.)
Strafrechtssystem und Betrug
Studien zum Wirtschaftsstrafrecht, Band 7, 2002, 250 S.,
ISBN 978-3-8255-0153-2, 27,90 €

Trefz, Ulrich
Der Rechtsschutz gegen die Entscheidungen der Schiedsstellen nach § 18a KHG
Forum Arbeits- und Sozialrecht, Band 16, 2002, 360 S.,
ISBN 978-3-8255-0385-7, ca. € 34,80

Tzschaschel, Nadja
Ausländische Gefangene im Strafvollzug
Eine vergleichende Bestandsaufnahme der Vollzugsgestaltung bei ausländischen und deutschen Gefangenen sowie eine Untersuchung zur Anwendung des § 456a StPO. Ergebnisse einer in Nordrhein-Westfalen durchgeführten Aktenanalyse
Studien und Materialien zum Straf- und Maßregelvollzug, Band 17, 2002, 170 S.,
ISBN 978-3-8255-0377-2, € 24,60

Wießner, Manfred
Leistungssteigerung durch die Dienstrechtsreform 1997?
Eine Beurteilung der Wirkung von leistungsabhängigen Bezahlungselementen und der Vergabe von Ämtern mit leitender Funktion auf Zeit und Probe
Aktuelle Beiträge zum Öffentlichen Recht, Band 8, 2002, 220 S.,
ISBN 978-3-8255-0392-5, ca. € 28,–

Zeitfracht Medien GmbH
Ferdinand-Jühlke-Straße 7
99095 Erfurt, Deutschland
produktsicherheit@kolibri360.de